I

Il y a des ex. dont le titre ne porte pas :
Orné de 20 portraits.

LES BOURBONS,

ou

PRÉCIS HISTORIQUE

SUR LES AÏEUX DU ROI.

IMPRIMERIE DE Mme. V^e. PERRONNEAU,
QUAI DES AUGUSTINS, n°. 39.

LES BOURBONS,

OU

PRÉCIS HISTORIQUE

SUR LES AÏEUX DU ROI, SUR SA MAJESTÉ,

ET

SUR LES PRINCES ET PRINCESSES DU NOM DE BOURBON QUI ENTOURENT SON TRONE,

DÉDIÉ AU ROI ;

PAR M. MONTJOYE, auteur de *l'Ami du Roi*, de l'Éloge de Louis XVI, de l'Histoire de Marie-Antoinette, etc.

Orné de 20 portraits.

> Le Roi de Navarre était vaillant ; de cette race de Bourbons, il n'y en a point d'autres. BRANTOME.

A PARIS,

Chez Madame V^e. LEPETIT, libraire, rue Pavée-St.-André-des-Arts, n°. 2.

1815.

AU ROI.

SIRE,

Chaque jour du règne de *VOTRE MAJESTÉ* ajoute un nouveau bienfait à ceux dont la France est redevable *aux Rois vos prédécesseurs. Si je disais*, SIRE, *que vous les surpassez en générosité, en clémence, en bonté, certes je ne pourrais être taxé d'exagération. Cette Charte qui, comme par enchantement, après un long et violent orage, pacifie tout, règle tout, unit tout, et nous ouvre un si bel avenir, fera dire à la postérité que* VOTRE MAJESTÉ, *par ce seul prodige de sa tendre sollicitude pour ses sujets, s'est élevée au-dessus des plus grands Rois. Elle vous proclamera,* SIRE, *le Législateur, le Sauveur, le Régénérateur de la France. Je n'aurai garde, sur une matière aussi relevée et qui intéresse si essentiellement la félicité de tous, d'ajouter mon opinion* à celle de l'écrivain éloquent qui a si bien apprécié et détaillé toutes les richesses renfermées dans ce trésor de sagesse. Mais il m'est permis, SIRE, il est permis au plus obcur de vos sujets de rappeler les titres sur lesquels se fonde la reconnaissance que nous devons à vos aïeux, à VOTRE MAJESTÉ, aux Princes de votre auguste maison, et c'est tout ce que je me suis proposé dans l'écrit que je présente aujourd'hui au public. VOTRE MAJESTÉ, en permettant que je lui dédie cette nouvelle preuve de mon attachement aux principes qui seuls peuvent maintenir parmi nous l'ordre et le bonheur, me fait oublier les souffrances que m'a valu ma persévérance à les professer quand on voulait les oublier. Ainsi il me reste, de l'accomplissement de mes devoirs, dans une longue et pénible carrière, le seul regret que mes talens n'aient pas répondu à mon zèle.

Je suis avec le plus profond respect,

SIRE,

DE VOTRE MAJESTÉ,

Le très-humble, très-obéissant serviteur et très-fidèle sujet,

Montjoye.

PREFACE.

J'entends depuis un an tant de personnes demander ce que c'est que la maison de Bourbon, et quelles sont donc les obligations que nous avons contractées envers elle, qu'il m'a semblé très-utile de l'apprendre à ceux qui ne le savaient pas, et de le rappeler à ceux qui, l'ayant su, l'avaient oublié. Quant à ceux qui, le sachant, ne l'ont point oublié, ils éprouveront, en me lisant, le plaisir qu'on éprouve à entendre parler de ce qu'on aime. Il me semble d'ailleurs qu'il y a des vérités qui se lient si essentiellement au bonheur public et individuel, qu'elles ont besoin, en quelque sorte, d'être répétées jusqu'à satiété; qu'elles auraient besoin même d'être gravées sur les monumens publics, afin que frappant sans cesse la vue, elles prévinssent l'égarement où l'on ne tombe que parce qu'on les oublie. Remarquez, en effet, que lorsque l'amour et la fidélité pour le souverain s'affaiblissent, l'esprit public s'éteint, l'égoïsme le remplace; et alors comment répondre du salut de l'état? Or, l'aliment de cet amour et de cette fidélité, c'est la reconnaissance pour tout le bien qui a émané et qui émane journellement du trône. Il me semblerait donc qu'on ne pourrait sans injustice refuser de classer parmi les livres utiles celui qui, à toutes les pages, prêche cette reconnaissance.

Combien aussi n'est-il pas urgent de mettre un tel livre entre les mains de la jeunesse? Car, qu'y a-t-il de plus urgent que de faire connaître aux enfans de la patrie les héros, les amis, les bienfaiteurs, les pères de la patrie? Et quel est celui de nous qui ne desire ardemment de voir la nouvelle génération pénétrée des sentimens et des devoirs exigés autant par la gratitude que par la religion envers l'auguste chef de la nation? Quand les enfans de cette génération se seront, au sortir des écoles, répandus dans la société pour en remplir les diverses charges, ce sera alors qu'on pourra dire en toute vérité, que la France est une grande famille dont le roi est le père; car alors il n'y aura plus dans cette grande famille qu'un esprit et qu'un cœur. C'est donc servir l'état, de présenter à la jeunesse qui s'élève une instruction qui aura sans doute pour elle plus d'attraits que cette Déclaration des droits qu'on avait mise autrefois à l'ordre du jour dans les écoles et les colléges. N'est-il même pas à desirer qu'un livre où l'on ne s'est proposé d'autre but que de donner au roi de bons et loyaux sujets, devienne classique? Son prix du moins ni son volume ne l'empêchent de jouir de cet honneur.

Enfin, quand ce petit écrit n'aurait d'autre avantage que de procurer commodément à ceux qui en ont besoin, une instruction qui leur est absolument nécessaire, c'en serait assez pour le recommander. Je l'ai terminé par trois considérations ou plutôt par trois vérités qui étant le résultat des faits exposés dans le corps de l'ouvrage, ne pourront, je crois, être contestées par personne; et ces vérités bien comprises seront une nouvelle et triple démonstration que, sans une inviolable fidélité au prince légitime, il n'est point de bonheur pour nous.

J'ai donc lieu de penser que la critique, sur ce nouvel effort de mon zèle pour le maintien de la doctrine que je n'ai cessé de prêcher, ne pourrait s'exercer que sur le style et la forme de cet écrit. Mais qu'est-ce que le style dans un ouvrage qui n'est qu'une simple exposition de faits? C'est sans doute ce qu'il y a de moins à considérer; car, quand les faits sont intéressans par eux-mêmes et rapportés avec clarté, quelque faiblement qu'ils soient écrits, ils plaisent toujours, sur-tout s'ils sont instructifs.

Quant à la forme d'un écrit de la nature de celui-ci, il m'a paru assez convenable que chacun des rois ou des princes du nom de Bourbon eût son article séparé. Il n'était pas possible d'établir un récit suivi, une liaison entre des personnages nés la plupart à une grande distance les uns des autres, et n'ayant de commun que le nom. Je n'ai pas été, d'ailleurs, le maître d'adopter un autre plan. En voici la raison dont je dois rendre compte au public, afin que le jugement qu'il portera de cet ouvrage ne me soit ni plus ni moins honorable qu'il ne convient.

M'étant décidé aussitôt après la mort de Louis XVI à composer l'Éloge historique de cet excellent prince, pour venger sa mémoire des calomnies qui alors n'avaient que trop de force (1), je crus qu'il serait convenable de faire précéder cet éloge d'un aperçu rapide des bienfaits dont la France était redevable aux aïeux du dernier roi. M. Désormeaux (2),

---

(1) Un journaliste a dit que cet éloge était inutile, parce que les regrets et les pleurs du peuple louaient assez Louis XVI. Mais d'abord ce journaliste n'a pas considéré qu'il parlait ainsi en 1814. Ensuite, de ce qu'un prince est regretté et pleuré de ses sujets, il ne s'ensuit pas qu'on ne soit pas tenu de faire connaître à la postérité les actions et les vertus de ce prince. Ici donc la critique n'est pas fondée.

(2) Désormeaux (Joseph-Ripault), d'Orléans, histo-

historiographe de la maison de Bourbon, qui avait beaucoup d'impatience de voir paraître l'Éloge de Louis XVI, comme s'il eût eu un pressentiment que sa mort suivrait de près celle de son roi, craignit les longueurs où m'entraîneraient des recherches sur la maison de Bourbon. Il voulut bien se charger lui-

---

riographe de la maison de Bourbon, bibliothécaire du prince de Condé, membre de l'Académie des inscriptions et belles-lettres, mourut à Paris en 1793, peu après le roi, âgé de 70 ans. Ses ouvrages sont : Continuation de l'histoire des conjurations; Abrégé chronologique de l'histoire d'Espagne et de Portugal; Histoire de la maison de Montmorency; Histoire du Grand-Condé; Histoire de la maison de Bourbon; et en outre plusieurs Mémoires lus à l'Académie dont il était membre. Les gens de lettres font beaucoup de cas de son Abrégé chronologique; et c'est une opinion assez générale parmi eux, qu'il réussissait mieux pour les abrégés que pour les histoires complettes. Les places d'historiographes vacantes par sa mort ne sont point encore remplies : elles ne pourront l'être par un sujet plus fidèle à son roi, plus pénétré de vénération pour la mémoire de Louis XVI, et pour la maison de Bourbon.

même de ce travail préliminaire, pour ne pas me retarder dans l'exécution de ce qu'il appelait la bonne œuvre dont je m'occupais. Mais ce travail, quand il fut fini, me devint inutile. L'écrit de M. Désormeaux aurait tenu beaucoup de place, et il ne faut jamais que l'accessoire l'emporte sur le fond ; il renfermait beaucoup trop de matière, et faisait comme un ouvrage indépendant du mien avec lequel il ne se liait point assez. Je fus donc obligé de composer moi-même le petit discours préliminaire qui, sous le titre de *Fastes des Bourbons*, précède l'Éloge de Louis XVI.

Mais si ce même travail de M. Désormeaux me devenait inutile pour ce que je me proposais, il ne méritait pas moins d'être conservé, et il devint partie utile et même nécessaire de l'écrit que je donne aujourd'hui au public. Je me suis proposé, en effet, dans cet écrit, de faire connaître les rois et les princes du nom de Bourbon, et de dire les bienfaits dont la France est redevable à chacun d'eux. Or, le travail de M. Désormeaux conduisant cette tâche jusqu'à Louis XVI inclusivement : la mienne s'est réduite à parler de Louis XVII, du roi qui règne si heureusement pour nous tous, des princes et princesses de son sang qui, comme je l'ai dit dans le titre, entourent son trône; et ainsi les deux parties réunies forment un ensemble, composent un corps d'ouvrage. On conçoit donc que pour conserver à cet ouvrage l'unité de plan, j'ai dû me conformer à la marche que M. Désormeaux avait lui-même tracée.

Quel que soit au reste le jugement qu'on portera de cet écrit, on ne pourra du moins lui refuser le mérite d'être très-propre à nourrir au fond de toutes les âmes, la reconnaissance dont les Français justes se sentent pénétrés pour tout le bien que les Bourbons ont fait à notre patrie; c'est-là l'unique but que j'ai eu en vue : si je l'atteins, le plus constant de mes vœux sera rempli, et il est impossible que je ne l'atteigne pas ; car comment ne pas aimer ses bienfaiteurs ?

LES BOURBONS,

OU

PRÉCIS HISTORIQUE

SUR LES AÏEUX DU ROI, SUR SA MAJESTÉ,

ET

SUR LES PRINCES ET PRINCESSES DU NOM DE BOURBON
QUI ENTOURENT SON TRONE.

On ne peut guère se former une idée juste de la haute considération dont jouissait un roi de France, qu'en interrogeant les historiens contemporains et étrangers.

Dès le berceau de la monarchie française, le pape Grégoire Ier., surnommé le Grand et digne de ce nom, écrivait à Childebert : *Il y a autant de différence entre un roi de France et les autres* rois, qu'entre un roi et le vulgaire des hommes.

Mathieu, célèbre historien anglais, dit dans sa Vie d'Henri III, roi d'Angleterre : *Le roi de France, c'est le plus digne et le plus noble de tous les rois ; il est regardé comme le roi des rois, tant à cause de son onction céleste, que par rapport à sa puissance guerrière.*

Autrefois lorsqu'on citait, en Europe, le nom de roi, sans ajouter de quelle nation, on entendait toujours le roi de France ; c'était le grand roi, le roi par excellence.

La première race eut les vices du tems, compensés par une activité infatigable et une bravoure à l'épreuve.

On lui doit entre autres choses d'avoir, dans les plaines de Tours, délivré l'Europe de l'alcoran et de la servitude d'un peuple aussi brave qu'ambitieux, et qui, dans moins d'un siècle, avait fait plus de conquêtes que Rome dans le cours de plusieurs.

Sous le règne long et glorieux de Charlemagne, l'univers connu fut à la veille d'être partagé entre les Francs et les Arabes.

La seconde race ne manqua pas de rois actifs, entreprenans et belliqueux; mais leur peu de politique et de prévoyance les livra à l'anarchie de la féodalité : les grands bornèrent à un frivole hommage leur dépendance; l'équilibre fut rompu, et la puissance souveraine réduite à un vain titre.

Vers la fin de cette dynastie, la troisième s'élevait en silence, et la tige des Bourbons, *Robert-le-Fort*, allait donner à la France une suite de rois qui, depuis plus de huit cents ans, par ordre non interrompu de primogéniture, de mâle en mâle, règnent sur la France, et devaient la porter à ce haut point de gloire qui l'avait rendue l'objet de la jalousie et de l'admiration de la terre entière.

Robert-le-Fort, tige des Bourbons, ne fut pas *un soldat heureux* : les historiens ne varient que sur l'antiquité de son origine ; soit qu'il descendît du fameux Witikind, d'un autre prince saxon, des rois de Lombardie, ou, ce qui est mieux prouvé, des anciens ducs de Bavière, de la maison des Welches, il n'en résulte pas moins qu'il était d'une illustre naissance. Un auteur contemporain disait de lui et de Ranulphe, duc de Guyenne : *Cujus genus valdè in antè reperitur obscurum, et inter primos, ipsi priores.*

Ce prince fut un héros, et il sera facile de démontrer, en suivant l'histoire, que la majeure partie de ses descendans n'ont pas dégénéré.

Quant à la durée de leur empire, la Chine seule, en admettant ses fables, a eu une dynastie, celle de *Chew*, qui a régné huit cent soixante-seize ans. On ne trouve que les *Arsacides* ensuite qui ont gouverné les Parthes l'espace de quatre cent vingt-quatre ans seulement.

La conséquence de cette comparaison est qu'un empire administré sagement, est moins sujet aux révolutions qui changent les dynasties.

En faisant le parallèle des maisons régnantes aujourd'hui en Europe, avec la maison de France, on observera que la plupart ont porté le sceptre plus long-tems que les dynasties qui ont fleuri avant l'établissement du christianisme ; qu'elles ont donné de plus grands et de meilleurs rois : grand argument en faveur de la religion chrétienne. On observera en outre que les plus illustres de ces maisons souveraines ne sont sorties de la nuit des tems, que lorsque celle de France remplissait déja le premier trône de l'Europe.

La suite de cet extrait doit convaincre tout esprit impartial que la troisième dynastie, dite des Bourbons, a offert une foule de rois braves, humains, bienfaisans, éclairés, politiques, législateurs, protecteurs-nés des rois malheureux, des arts et des sciences, et qu'ils ont été les pères de la patrie et l'ornement de l'univers ;

Que la loi salique, cette loi fondamentale et sacrée, donne à la nation française l'avantage inestimable de n'avoir jamais obéi qu'à ses concitoyens; de sorte que la maison de France ne peut être soumise à aucune famille nationale ou étrangère, sans le renversement de toutes les lois divines et humaines : *Nil majus generatur ipso, nec viget quidquam simile aut secundum.*

Les Bourbons ajoutent à l'éclat de leur origine et de leur longue et brillante descendance, la gloire d'avoir rempli les premiers trônes de l'Europe : ils ont donné à la France trente-huit rois, en y comprenant Eudes et Robert qui ont régné avant Hugues Capet; vingt-trois au Portugal; treize à la Sicile; onze à la Navarre; quatre à l'Espagne et aux Indes; autant à la Hongrie, à la Croatie et à l'Esclavonie; deux à la Pologne; un à l'Écosse; plusieurs à Naples; sept empereurs à Constantinople. Plus de cent ducs de Bourgogne, de Bretagne, d'Anjou, de Lorraine, de Bourbon et de Brabant, issus de cette tige illustre, ne le cédaient qu'aux têtes couronnées. Quatre princesses du même sang ont porté les sceptres de Hongrie, de Pologne, de Navarre et des Pays-Bas, dans les maisons de Luxembourg, de Jagellon, d'Aragon et d'Autriche; enfin plusieurs maisons vassales et sujettes de la maison de France ont régné en Angleterre, en Castille, en Écosse, en Arménie, en Chypre, à Jérusalem, à Naples et à Constantinople.

Tu regere imperio populos, ô Galle! memento.

Charles-Quint ne doit pas paraître suspect dans l'éloge qu'il a fait de la maison de France. Issu de tant d'empereurs, il disait : *Je tiens à beaucoup d'honneur d'être sorti du côté maternel, de ce fleuron qui porte et soutient la plus célèbre couronne du monde.* Marie de Bourgogne était son aïeule.

Enfin c'est à la maison de Bourbon, si fertile en héros, que la France doit, depuis deux siècles, son éclat, ses succès et sa prospérité ; et c'est de l'assassinat de Louis XVI qu'ont commencé ses revers, sa honte et sa décadence.

Ce sont les Bourbons qui ont réuni au royaume les comtés de Foix et d'Armagnac, le Rouergue, le Périgord, le Bigorre, la Basse-Navarre, le Béarn, la Bresse, le Roussillon, l'Artois, une partie de la Flandres, du Hainault, du Cambresis, du Luxembourg, l'Alsace entière, la Franche-Comté, la Lorraine, le Barrois et la Corse, c'est-à-dire qu'ils ont augmenté le territoire français au moins d'un tiers, et ils l'ont en même tems couvert d'une foule d'établissemens utiles et de monumens de toute espèce, dignes de la grandeur et de la magnificence des Romains.

Que n'ont-ils pas fait également pour les arts et les sciences ? Quelle nation ne venait pas en France en apprendre les élémens, en suivre les progrès ? Quels peuples ne rendions-nous pas tributaires de notre industrie ?

Louis XIV a porté la couronne soixante-douze ans : il a vu renouveler trois générations d'hommes et de rois ; aussi a-t-il laissé sa nation la plus éclairée, la plus puissante et la plus respectée de l'Europe.

Combien de Bourbons ont versé leur sang pour la patrie ? combien ont ajouté à la gloire de ce nom par des actions d'éclat ou de bienfaisance ? On distinguera sur-tout parmi ces dignes descendans de St. Louis, Louis Ier., duc de Bourbon, surnommé le Grand ; Pierre Ier., tué aux pieds du roi Jean, à la bataille de Poitiers ; Jacques de Bourbon, comte de la Marche; Jean II, connétable de France, surnommé *le Fléau des Anglais;* Pierre II, premier général du royaume; Charles, duc de Vendôme; François, comte d'Enghien, le vainqueur de Cerisoles ; Louis Ier., prince de Condé, et Henri Ier., son fils; Louis III, duc de Bourbon ; François-Louis, prince de Conty, élu roi de Pologne; Louis II, duc de Bourbon, ce fameux connétable, tué devant Rome. Henri IV et le grand Condé ont partagé à leur égard cette admiration universelle qui décide le suffrage de la postérité.

La maison de Bourbon commence à Robert, comte de Clermont, sixième fils de St. Louis.

Hugues Capet, tige de la dynastie royale, avait réuni beaucoup de domaines à sa couronne ; ses descendans se montrèrent dignes de lui, en affranchissant leurs serfs, en établissant les communes des villes, en mettant un frein à la tyrannie des justices seigneuriales, et en faisant des lois sages.

Philippe-Auguste, aussi bon politique qu'intrépide guerrier, avait incorporé au royaume la Normandie, l'Anjou, le Maine, la Touraine, le Poitou, l'Auvergne, le Vermandois et l'Artois, c'est-à-dire deux fois plus de provinces qu'il n'en avait reçu de ses ancêtres.

Saint Louis y ajouta le Languedoc, les comtés de Blois, de Chartres, de Châteaudun et de Sancerre.

Son sixième fils, Robert, fut blessé dans un tournois ; les coups qu'il reçut à la tête affaiblirent son corps et son esprit ; cependant il avait de bons intervales, puisqu'il fut admis dans le conseil et chargé de négociations importantes : il mourut orné de la plupart des vertus de son père : bon, juste, généreux, compâtissant et chaste. S'il n'eût pas l'éclat des guerriers, il laissa du moins la réputation d'un prince vertueux et de bons exemples à suivre à ses enfans.

LOUIS Ier.,

Roi titulaire de Thessalonique, surnommé le Grand.

Ce fils aîné de Robert joignit aux vertus pacifiques de son père, la plus grande bravoure. A la malheureuse défaite de Bruges, où l'avant-garde de l'armée française fut presque toute massacrée par les Flamands rébelles, et où le corps de bataille prit la fuite, Louis, qui ne commandait qu'un corps de réserve, sauva près de trente mille hommes à la France, par son intrépidité et sa conduite, et couvrit les frontières du royaume menacées par de nombreux et puissans ennemis.

Il fut presque toujours médiateur heu-

reux entre les souverains et les grands vassaux de la couronne, qui faisaient trembler leur suzerain.

Il contribua particulièrement à faire confirmer et renouveler d'un consentement unanime la loi salique, en faveur de Philippe V, contre les prétentions de la fille aînée de Louis X. Il la fit encore de nouveau consacrer pour Philippe de Valois.

Il avait aussi décidé Philippe-le-Bel à réunir à la couronne le droit de battre monnaie, dont les grands vassaux abusaient.

Lors de l'érection du Bourbonnais en duché-pairie, en faveur de Louis Ier., Charles-le-Bel dit ces paroles remarquables, dans ses lettres-patentes : *Nous espérons que la postérité du nouveau duc, marchant sur ses traces, sera dans tous les tems l'appui et l'ornement du trône.*

On va voir que cet espoir n'a point été déçu.

Louis, habile négociateur, réussit à faire reconnaître à Edouard, roi d'Angleterre, qu'il était homme-lige du roi de France, en qualité de duc d'Aquitaine et de comte de Ponthieu, ce qui préserva la France d'une guerre dangereuse.

Louis, joignant la prudence à la bravoure, arrêta par ses sages remontrances l'impétuosité de Philippe de Valois qui, dans les plaines de la Capelle, s'obstinait à vouloir donner le signal d'une bataille qui rendait ce même Edouard maître de la France, s'il eût été vainqueur.

Digne en tout de son aïeul, dont il eut le courage, la piété et la saine politique, Louis fut surnommé le Grand; et, ce qui fait peut-être autant pour sa gloire, il passait dans les camps pour le Nestor de la chevalerie française.

PIERRE Ier.,

Fils du précédent.

Édouard venait de conquérir la Guyenne, le Périgord, l'Angoumois, la Saintonge, et de gagner la bataille d'Auberoche ; il s'agissait de sauver les provinces qui restaient à la monarchie au-delà de la Loire. Sans troupes, sans argent, Pierre de Bourbon arrive avec la puissance du souverain; il en use sagement et si heureusement, qu'il réussit non-seulement à arrêter les progrès des Anglais, mais encore à leur arracher presque toutes leurs conquêtes.

A la fatale bataille de Crécy, blessé, ainsi que Jacques de Bourbon, comte de la Marche, n'ayant plus que trois chevaliers et soixante hommes d'armes, ces deux princes réussirent à sauver la vie à Philippe de Valois entouré d'une nuée d'ennemis et à l'enlever du champ de bataille.

C'est en faisant les mêmes efforts, à la bataille de Poitiers, pour sauver les jours du roi Jean, qu'il tomba mort à ses pieds, après avoir vu son frère, le comte de la Marche, et son fils naturel, percés de coups et faits prisonniers.

LOUIS II,

Surnommé le Bon et le Grand.

Ces titres glorieux que les contemporains ne prodiguent pas, et que la postérité a confirmés à ce prince, annoncent en lui la réunion de toutes les vertus civiles et militaires : en effet il les possédait.

A l'époque où il succéda à son père, la France se trouvait à-peu-près réduite à l'état où elle était à la mort de Louis XVI; le parallèle est frappant : son roi était prisonnier en Angleterre; Charles V, dauphin et régent du royaume, se voyait abandonné de ses sujets assez occupés à se défendre contre les bandes de brigands qui inondaient les provinces et y portaient le fer et la flamme. La lie des peuples étrangers, attirée par l'espoir du pillage, achevait de désoler les campagnes ; les factieux divisaient Paris et le gouvernement, ou plutôt faisaient éprouver à ses habitans tous les genres de tyrannie ; et pour que rien ne manquât à la comparaison, un prince du sang royal, le plus vil des scélérats, l'opprobre de sa patrie et de sa race, Charles, surnommé à juste titre le Mauvais, se mettait à la tête de tous les criminels dont il avait rompu les fers, entourait le régent de pièges, de complots, d'attentats, et préparait la dissolution de la monarchie, quand Louis accourut à son secours avec trois cent cinquante hommes d'armes, et par cet exemple électrisa la noblesse qui vint joindre le régent et préparer ses succès.

Le premier fut dû à Louis qui obligea Édouard à lever le siège de Metz. Le trait suivant eût suffi seul pour mériter au prince le double surnom qui l'honore à jamais.

Après huit ans de captivité en Angleterre où il était détenu comme otage, il revient dans ses domaines, et les trouve dévastés par une noblesse turbulente et sans chef ; il la convoque pour conférer à quelques-uns de ses membres un ordre qu'il vient d'instituer. Vers la fin de la cérémonie, le procureur-général du duché, qui avait fait des informations exactes des délits et inscrit leurs auteurs sur un registre, le présenta au prince. Les spectateurs pâlissent... *Avez-vous aussi*, dit Bourbon au magistrat, *tenu registre des services que ces gentilshommes m'ont rendus ?* Il dit ; et jetant le registre dans un grand feu, il s'attache à jamais, par ce trait de clémence et de générosité, le cœur de tous ses vassaux. Bientôt il en recueillit le fruit, car ils le secondèrent puissamment pour recouvrer, sur les Anglais, une partie de leurs usurpations.

Son mariage avec Anne, dauphine, réunit le Forez et d'autres beaux domaines aux siens qui depuis ont été incorporés au royaume.

Charles-le-Sage qui se connaissait en hommes, opposa toujours Louis, avec succès, aux Anglais, particulièrement à leur descente à Calais. Instruit par l'expérience, quoique jeune, et par les fautes commises à Poitiers et à Crécy, Bourbon se borna à harceler les Anglais, à leur couper les vivres, à les battre en détail; c'est par ces sages mesures que, sans compromettre le salut de l'état et en ménageant le sang français, il sut forcer le duc de Lancastre à rembarquer les débris de son armée.

Elève et ami de Duguesclin, lui et ce héros sauvèrent la France, en dégageant le roi assiégé dans Paris par une armée formidable, et en détruisant si parfaitement cette armée, que le général anglais Knoves fut forcé de se sauver en Bretagne, presque seul : et tels étaient le zèle et le désintéressement de Louis, qu'ayant jusque-là entretenu mille hommes d'armes à ses frais au service du roi, et reçu de lui l'ordre d'aller avec Duguesclin conquérir le Poitou, au moment de licencier ses vassaux, faute de pouvoir fournir plus longtems à leur dépense, il avoua pour la première fois son impuissance, en disant au monarque, qu'eux et lui *avaient dépendu le leur à son service, et étaient en petit point de bien servir.* Le roi y ayant pourvu, Bourbon par la sagesse de sa conduite, et sans jamais risquer le sort de l'état par des batailles générales qui le mettent au hasard, contribua à chasser les Anglais du Poitou, et de quatre autres provinces, en ruinant leurs armées en détail. Il en fut de même de celle que le duc de Lancastre avait amenée en Bretagne pour y rétablir son duc rébelle et fugitif.

Enfin de toutes les provinces que les

Anglais possédaient en France quand Bourbon prit les armes contre eux, il ne leur resta que Bayonne, Bordeaux et Calais.

Pendant les trèves que leur épuisement les forçait de demander, ce prince purgeait l'Auvergne des brigands de cette nation, qui s'étaient emparés de plusieurs châteaux forts, d'où ils dévastaient cette province, au mépris de la suspension d'armes.

Appelé en Espagne par Henri de Transtamart, pour l'aider à en chasser les Maures, Bourbon y développa ces principes de justice et d'humanité dont il ne s'écarta jamais. Le roi de Castille lui montrant les enfans de don Pedre, qu'il tenait prisonniers, lui dit : *Veis là les enfants de celui qui fit mourir votre sœur* (Blanche de Bourbon, la plus belle, la plus vertueuse et la plus malheureuse princesse de son tems), *et si voulez les faire mourir, je vous les délivrerai.* —

Nenni, répond le vertueux Louis, *je ne serais mie content de leur mort, car de la male volonté de leur père ils n'en peuvent mais.*

Ensuite l'objet de la guerre ayant changé, et le roi de Castille voulant engager le prince à l'aider contre le Portugal, il refusa de tremper ses mains dans le sang des chrétiens, à moins qu'ils ne fussent ennemis de la France, et donna ainsi un double exemple de justice et de modération qui rehaussait la gloire que ses exploits guerriers lui avaient acquise.

Toujours respectueux et ferme avec son souverain, il brava et vint à bout de détruire la prévention que des courtisans jaloux avaient inspirée à Charles V contre le fameux connétable Duguesclin, et à calmer le juste ressentiment de ce grand homme, disgracié après les services les plus signalés.

Bourbon cueillit bientôt de nouveaux lauriers à la bataille de Rosbec, dont ses savantes manœuvres autant que sa bravoure, décidèrent le succès. Mais combien il ajouta à sa gloire en arrachant les Parisiens aux supplices qu'ils n'avaient que trop mérités par leur complicité avec les Flamands rébelles qu'on venait de châtier! Il trouva la récompense de son humanité dans les acclamations d'un peuple reconnaissant qui, prosterné à ses genoux, l'appelait son père, son dieu sauveur et tutélaire..... Et les descendans de ce grand homme, héritiers de ses vertus comme de son nom, ont été immolés et proscrits par ceux dont il sauva les ancêtres !

Nous passerions les bornes d'un extrait, en entrant dans les détails de la glorieuse expédition de Tunis, où l'armée de Bourbon, réduite à dix mille hommes par l'intempérie du climat, remporta deux victoires en un jour, contre des troupes nombreuses et aguerries, et força le roi de Tunis à demander la paix. Bourbon en dicta les conditions; et à son retour, avec une armée très-affaiblie, il détruisit la flotte des Sarrasins dans le port de Cagliari, prit cette ville et un fort important.

Si dans cette circonstance, ce prince ne travaillait pas directement pour sa patrie, puisque c'était à la sollicitation des Génois qu'il avait entrepris cette guerre, au moins il la lui rendit utile en délivrant tous les Français qui gémissaient dans les cachots de la Barbarie; et il ajouta à sa réputation, en manifestant son désintéressement et sa générosité; car non-seulement il refusa les présens de la république qu'il venait de servir si courageusement, mais par ses largesses, il mit tous les esclaves chrétiens qu'il venait de délivrer, en état de retourner dans leurs foyers.

Toujours grand, toujours noble, il s'endetta en moins d'un an, de plus de soixante mille écus d'or, pour recevoir à sa table, quoiqu'il manquât même du nécessaire, tous les gentilshommes que l'infortuné Charles VI ne pouvait plus nourrir à la sienne. Mais Louis, par une sage retraite dans ses domaines et une juste distribution de ses revenus, parvint à acquitter ses dettes, à soutenir sa maison sur le modèle de celle des rois, à faire des aumônes, à répandre des bienfaits moins humilians, et même à élever des édifices utiles.

Bourbon couronna ses éminentes qualités par une piété solide et sans faste. Il mourut en léguant aux pauvres ce qu'il en devait coûter pour lui faire des obsèques de souverain. Leurs larmes firent son oraison funèbre, et il n'y eût pas un de ses sujets qui n'y mêlât les siennes.

JACQUES DE BOURBON,

Comte de Ponthieu et de la Marche, Connétable de France, surnommé la Fleur des Chevaliers français.

L'ÉPOQUE où vivait ce grand homme, n'était guère plus favorable aux Bourbons que celle qui, grâces au ciel, vient de se terminer. L'état menaçait ruine ; le chef de sa maison languissait dans les prisons d'Angleterre ; sa sœur Blanche, reine de Castille, recevait la mort des mains de son cruel époux ; Jacques lui-même, blessé dangereusement à la bataille de Crécy, en arrachant son roi aux ennemis, le fut encore à la bataille de Poitiers, où il perdit sa liberté en couvrant de son corps le monarque renversé, et ne la recouvra que pour venir en France expirer, avec son fils, dans un combat qu'il livra aux *tards-venus*, brigands qui désolaient le royaume.

Les malheurs de Jacques de Bourbon ne firent qu'ajouter à l'éclat de ses vertus; il opposa constamment une philosophie calme et bienfaisante aux coups du sort, et sut toujours allier l'humanité la plus tendre à la bravoure la plus brillante.

JEAN DE BOURBON,

Comte de la Marche.

Ce prince rendit les plus grands services à l'état chancelant. Longtems son bras le soutint, et il s'immortalisa par la vengeance mémorable qu'il tira de la mort de Blanche de Bourbon, en détrônant son assassin. On vante sur-tout son austère probité et son désintéressement.

JEAN Ier.,

Duc de Bourbon et d'Auvergne.

C'est aux tems orageux des factions d'Armagnac et de Bourgogne, que le duc de Bourbon déploya cette fermeté d'âme et ce courage héroïque qui l'ont immortalisé. Ne voyant dans Jean-sans-Peur qu'un lâche assassin, il renonça à la fraternité d'armes contractée dans son enfance avec un prince qui ne lui inspirait plus que de l'horreur et du mépris.

Assiégé dans Bourges par le parti bourguignon, sa belle défense peut être considérée comme le salut de Charles VII et de la France. Il délivra une seconde fois sa patrie des attentats du duc de Bourgogne qui vint assiéger Paris, et joignit à cet important service, celui de délivrer les provinces des troupes de brigands qui les infestaient : enfin il enleva aux Anglais, la forte place de Soubise dont ils s'étaient emparés dans ces tems orageux.

CHARLES Ier.,

Duc de Bourbon, et Comte de Clermont.

Ce prince dont la vie avait été menacée dès sa plus tendre enfance, qui se vit couvert, sur le pont de Montereau, du sang impur de son beau-père, Jean-sans-Peur, se hâta d'abjurer une alliance devenue honteuse, mais qui avait été forcée, et de se réunir au dauphin proscrit et fugitif. Il eût pu briser les fers de son père détenu comme otage en Angleterre, et s'enrichir des provinces françaises que l'Anglais et le Bourguignon lui offraient; mais il fallait trahir son sang et sa patrie: il n'hésita pas à sacrifier l'ambition au devoir; et ce qui est digne de remarque, dans un tems où l'esprit de faction et de domination étouffait les affections les plus chères, aucun prince de la maison de Bourbon ne se sépara du légitime souverain. Charles Ier. lui amena les forces des cinq provinces qu'il possédait. Le comte de Vendôme vendit pour cent mille écus de son patrimoine, pour quitter les prisons d'Angleterre et pouvoir combattre avec le dauphin. Les deux Bourbons, Préaux et Jean, bâtard de Louis II, prirent le même parti, et le servirent héroïquement.

Telle était l'idée que Charles de Bourbon avait donnée de sa prudence et de sa valeur, que le dauphin obligé de quitter le Languedoc pour voler à Paris, après le traité de Troyes, confia le gouvernement de cette province intéressante à ce prince à peine âgé de vingt ans, et qui répondit dignement à la confiance de son souverain.

Bientôt il fallut que Bourbon se rapprochât du centre du royaume, et veillât à la conservation de six provinces devenues frontières, avec les seuls moyens qu'il pouvait se procurer : tant était grande la détresse du dauphin; et c'est ce qu'il exécuta pendant près de trente années que dura cette horrible guerre.

Mais le service le plus signalé que ce prince rendit à l'état, fut la réconciliation du duc de Bourgogne avec le roi. De ce moment, le royaume n'étant plus divisé, l'Anglais n'éprouva que des revers, et fut bientôt obligé d'en sortir.

Charles paya un tribut amer à l'esprit du siècle; il commit la faute de soutenir le dauphin dans sa rébellion contre son père; mais cette tache passagère qu'il effaça par son repentir et par de nouveaux services, ne ternit pas l'éclat d'une longue vie consacrée à servir sa patrie, et ne doit point faire oublier la gloire qu'eut Bourbon d'avoir volé le premier au secours de son souverain, au moment où les affaires de ce prince étaient le plus désespérées;

de lui avoir rallié tous les individus de sa maison ; d'avoir enfin sauvé la France du joug des Anglais, en détachant le duc de Bourgogne de leur alliance. Eh ! comment la postérité ne pardonnerait-elle pas un oubli momentané, quand l'offensé ne se rappelle que les services, et croit devoir les récompenser par la plus auguste alliance. Charles VII fit épouser sa fille, la plus belle princesse de l'Europe et la plus accomplie, au fils de Charles de Bourbon.

LOUIS DE BOURBON,

Comte de Vendôme.

C'est de lui que sont descendues toutes les branches de la maison de France.

Aussi habile négociateur que preux guerrier, après avoir contribué à la prise de Compiègne, enlevé plusieurs places importantes au duc de Bourgogne, dévasté ses provinces, l'avoir défait et forcé de reculer devant lui (1), il couronna les services militaires qu'il avait rendus toute sa vie à l'état, par une négociation qui, à défaut de la paix, procura au moins à la France épuisée, une trève qui lui donna

---

(1) Histoire de la maison de Bourbon, par Désormes, tom. Ier. p. 520 et 521.

le tems de respirer (1). A l'âge de vingt ans il passa en Angleterre à la tête d'une brillante ambassade, y fut accueilli en héros et en ami de l'humanité ; et si l'orgueil anglais éloigna une paix solide, il ne put se refuser à un traité qui rendit quelques momens de repos à deux peuples également victimes d'une guerre longue et sanglante.

Louis de Bourbon laissa un fils qui hérita de ses vertus et les transmit à ses descendans.

---

(1) Histoire de la maison de Bourbon, par Désormes, tom. Ier., p. 552.

JEAN II,

Duc de Bourbon et d'Auvergne, surnommé le Bon et le Fléau des Anglais.

Fils de Charles Ier., il en eut les vertus et la bravoure ; comme lui, il fit une faute grave, la même qui avait porté à la gloire de Charles l'unique atteinte qu'elle ait éprouvée dans le cours d'une longue vie ; mais s'il était possible d'excuser la rébellion d'un sujet contre son souverain, Jean mériterait l'indulgence de la postérité, par son repentir suivi de nouveaux services, par l'influence de l'exemple et des mœurs du tems, et sur-tout en considérant que le souverain qui régnait alors, était l'ingrat, le perfide, le cruel Louis XI, le seul de trente-huit rois de la maison de France, qui ait terni les plus grandes qualités par les vices qui caractérisent les tyrans.

Jean de Bourbon à son début dans la carrière militaire contribua à la prise de cette même ville de Rouen, occupée par les Anglais (1), que son père avait si heureusement préservée du joug des Bourguignons, et à celles de Harfleur et Honfleur, malgré les pluies continuelles, le froid le plus vif et la conjuration de tous les élémens.

Bientôt Bourbon commandant en chef, eut en tête le fameux Kiriel formé à l'école de Henri V. Le succès de la campagne et le sort de la Normandie dépendaient d'empêcher la jonction de Kiriel avec Sommerset, sous les murs de Caen. Avec moins de deux mille hommes contre huit mille, Bourbon l'entreprit et y réus-

---

(1) Histoire de la maison de Bourbon, par Désormes, tom. II, p. 11, 12 et 13.

sit : malgré l'inégalité de ses forces il osa attaquer les Anglais. En vain leur général déploya les plus savantes manœuvres, le plus grand courage, il perdit la bataille, trois mille sept cents hommes, quatorze cents prisonniers, ses drapeaux, ses équipages et la liberté ; tandis, chose incroyable ! que les vainqueurs n'eurent à regretter que huit à dix hommes.

Les courtisans du connétable réclamèrent en vain pour lui, une partie de la gloire de cette mémorable journée, parce qu'il y avait combattu à la tête d'un corps de cavalerie ; l'armée entière proclama Bourbon vainqueur, et Richemond fut assez juste pour confirmer ce suffrage.

Cette bataille de Formigni date dans l'histoire par les suites qu'elle eut pour la France : elle lui rendit une province qui, à cette époque, équivalait au tiers de la monarchie.

Bourbon acheva de mériter le surnom de *Fléau des Anglais*, en leur enlevant les dernières villes qui leur restaient dans cette province ; et dans le même tems, il acquérait un titre plus flatteur pour son cœur, celui de *Bon*, en rendant la liberté, les bijoux, les équipages au gouverneur de Bayeux, à la garnison, et à quatre cents dames anglaises qui avaient suivi leurs maris en France, quoiqu'il eût pu ne recevoir cette garnison qu'à discrétion.

Bientôt après la Guyenne fut conquise par le fameux Dunois (1). Bourbon en partagea la gloire ; mais cette province s'étant révoltée, ce prince ne dut qu'à sa conduite et à son courage, sa seconde conquête ; il en enrichit la monarchie à laquelle elle est restée incorporée.

Rendu à la vie privée, Bourbon comblé d'honneurs et le prince le plus opulent du royaume, après le duc de Bourgogne,

---

(1) Histoire de la maison de Bourbon, par Désormes, tom. 2, p. 26 et suiv.

fit un noble usage de ses richesses en les distribuant à ses amis, à ses vassaux, à ses serviteurs ; secondé par une épouse vertueuse il ne s'occupa plus qu'à soulager l'infortune, et à mériter les bénédictions du pauvre et l'admiration de tous les Français.

Il y mit le comble en épousant la veuve du duc de Nemours, réduite à l'indigence, dans la seule vue de réhabiliter la mémoire de son ancien compagnon d'armes, justement mais trop cruellement puni de sa rébellion, et de rendre à l'une des plus grandes maisons de l'Europe, un lustre que ternissaient l'humiliation et la misère d'une famille deshéritée (1).

---

(1) Histoire de la maison de Bourbon, par Désormes, tom. II, p. 196.

MATHIEU DE BOURBON,

Amiral de France.

Dans les tems dont nous retraçons l'histoire, les vertus, les talens, la valeur, n'étaient point obscurcis par la tache de la naissance; les enfans naturels légitimés des princes pouvaient aspirer et parvenir aux plus éminentes dignités. On peut donc considérer et citer comme de la maison de Bourbon les princes de ce nom qui en ont soutenu dignement la gloire (1).

Tel fut Mathieu, surnommé le *Grand-Bâtard de Bourbon*. Il commença sa carrière par une négociation extrêmement

---

(1) Histoire de la maison de Bourbon, par Désormes, tom. II, p. 86.

délicate : il s'agissait de déterminer l'Anglais à conclure avec la France une paix durable. Bourbon obtint d'abord le renouvellement de la trêve, et de plus, que le fameux Warwick, le *faiseur de rois*, vînt en France consommer le traité désiré.

Ce service parut si important à Louis XI, qu'il combla l'heureux négociateur de grâces et d'honneurs. Il s'en montra digne et reconnaissant. Aucune tache ne souilla une vie qu'il illustra par sa modestie, sa franchise, sa générosité, et les plus grands talens dans le ministère et les armées : ses succès constans sont attestés par l'histoire et par la faveur soutenue dont il jouit sous un prince ingrat et ombrageux. Tel fut enfin le zèle de ce prince pour la prospérité de l'état, qu'il se proposa de faire fortifier le port de la Hogue, et d'y bâtir une ville et une citadelle à ses frais (1);

───────────

(1) Histoire de la maison de Bourbon, par Désormes, tom. II, p. 139.

mais sa fortune, quoique immense, n'y eût pas suffi. Il renonça donc avec regret à un projet dont il eût été bien avantageux à la France qu'on se fût occupé depuis.

PIERRE DE BOURBON,

Comte de Beaujeu.

Son début dans la carrière des armes fut aussi malheureux que brillant (1). Nommé par Louis XI gouverneur de la Guyenne, il la conquit sur le comte d'Armagnac, et la gouverna avec sagesse ; mais trahi par le gouverneur qu'il avait établi à Lectoure, il fut fait prisonnier dans cette ville, par ce même comte d'Armagnac, auquel il avait pardonné sa félonie, et assuré un état conforme à sa naissance.

D'Armagnac périt bientôt après (2), et le comte de Beaujeu vint recevoir de son

---

(1) Histoire de la maison de Bourbon, par Désormes, tom. II, p. 128.
(2) *Ibid.*, p. 133.

roi une récompense d'autant plus glorieuse, qu'il la lui avait fait attendre plus longtems, ce fut la main de sa fille aînée, cette fameuse Anne de France qui, secondée par les vertus et les talens de son époux, lutta avec succès, pendant toute la minorité de Charles VIII, contre les complots sans cesse renaissans du duc d'Orléans, les forces combinées des principales puissances de l'Europe, et les perfidies de presque tous les grands vassaux de la couronne, et eut la gloire de rendre à son pupille un royaume tranquille au dedans et respecté au dehors.

On sait que Louis XI se connaissait en hommes (1) : rien ne prouve plus en faveur du comte de Beaujeu, que le choix que ce prince fit de lui pour la tutelle et la curatelle du dauphin, dans le tems qu'il

---

(1) Histoire de la maison de Bourbon, par Désormes, tom. II, p. 173.

poursuivait les autres Bourbons avec le plus d'acharnement.

Malheureusement Louis, par une suite de sa politique ombrageuse, avait laissé son fils jusqu'à l'âge de treize ans, livré aux jeux et à l'oisiveté, sans lui avoir même fait apprendre à lire, ni à écrire : mais si le comte ne put parvenir à orner l'esprit de son pupille, au moins réussit-il à développer dans son cœur les germes précieux de bonté, de justice, de franchise, de bienfaisance, de courage et de grandeur d'âme qu'il avait reçus de la nature ; et si Charles VIII ne déploya pas sur le trône, l'énergie ni les talens du grand homme, il y porta le caractère de bonté et la bravoure qui distinguent les grands rois.

Louis XI associa le comte de Beaujeu à la régence qu'il avait déférée à sa fille (1),

---

(1) Histoire de la maison de Bourbon, par Désormes, tom. II, p. 296.

et les états généraux la lui confirmèrent. Ce prince, entre autres services qu'il rendit à l'état, eut la sagesse de s'opposer à la manie d'une croisade contre les Turcs, qui faisait l'ambition du roi ; et si ce prince alla prodiguer l'or et le sang de ses sujets en Italie (1), ce fut contre le gré et les conseils du comte de Beaujeu qui accourut inutilement du fond du Bourbonnais, pour le détourner de ce fatal projet.

Pierre de Bourbon mérite une place éminente parmi les bienfaiteurs de la France (2) ; il la gouverna sagement et avec intégrité : aucune des fautes de son pupille ne doit lui être imputée ; il avait toujours combattu les fausses mesures. Il fut toute sa vie l'arbitre des grands ; les souverains étrangers respectaient sa vertu ; nul prince

---

(1) Histoire de la maison de Bourbon, par Désormes, tom. II, p. 305.

(2) *Ibid.* pag. 368.

ne fit plus de fondations en faveur des pauvres : enfin il emporta au tombeau le surnom touchant de *Prince de la Paix et de la Concorde ;* titre d'autant plus flatteur, que dans sa jeunesse, il avait en mainte occasion obtenu le prix de la vaillance.

FRANÇOIS DE BOURBON,

Comte de Vendôme.

Il fut le bisaïeul de Henri IV (1), et on lui peut appliquer avec justice ce que Brantôme disait de Dunois : *qu'il sema une telle semence de générosité dans toute sa race, qu'elle s'en est toujours ressentie jusqu'à nos jours.*

Un historien du tems l'appelle *l'escarboucle des princes de son tems, en beauté, bonté, humanité, sagesse, douceur et bénignité.* Commines qui connaissait bien les hommes, lui rend la même justice, et ajoute en parlant de

---

(1) Histoire de la maison de Bourbon, par Désormes, tom. II, p. 328.

sa mort : *le comte de Vendôme y prit un flux* (au camp de Verceil, en Italie) *dont il mourut, qui fut dommage, car il était beau personnage, jeune et sage, et il était venu en poste, parce qu'il devait y avoir bataille; car il n'avait pas fait le voyage d'Italie avec le roi.*

Sa carrière fut courte, mais sa vie fut remplie, et sa mort honorée des larmes de son roi et des gémissemens de toute une armée ; oraison funèbre qui nous dispense d'un plus long éloge.

GILBERT DE BOURBON,

Comte de Montpensier.

Ce prince était vice-roi du Roussillon et de la Cerdagne depuis cinq ans (1), lorsque par un esprit de superstition, Charles VIII consentit à rendre ces provinces à Ferdinand V, roi d'Espagne, dont le père les avait vendues à Louis XI. C'était une faute capitale en politique, que de se priver de ce rempart de la France, du côté des Pyrénées. Quoi qu'il en soit, rien ne fait plus l'éloge de l'administration du comte de Montpensier, que les réclamations vives et pathétiques

---

(1) Histoire de la maison de Bourbon, par Désormes, tom. II, p. 293.

que le peuple des deux provinces porta au pied du trône, pour qu'on ne le privât pas des bienfaits de cette administration. Bourbon y joignit ses instances, et représenta avec vigueur les inconvéniens majeurs de ce démembrement de la monarchie, mais inutilement.

La jeunesse de ce prince fut un cours de vaillance et de victoires (1) : à vingt-deux ans il avait gagné les fameux combats de Bussi et de Cluni contre les Bourguignons : en Flandres, en Bretagne, en Roussillon, partout où le service l'avait appelé, il avait montré les plus grands talens, la plus grande intrépidité : mais en vain les déploya-t-il avec plus d'éclat encore dans le royaume de Naples. Ce fut un chef-d'œuvre de conduite que de l'avoir conservé pendant plus d'un an, avec une poignée de soldats, sans vivres,

---

(1) Histoire de la maison de Bourbon, par Désormes, tom. II, p. 332.

sans argent, sans ressources, abandonné de son roi et de ses alliés, et en butte à une nation irritée contre les Français, et qui ne voulait pas de leur domination. Dans cette critique position Bourbon fit tout ce qu'on pouvait attendre d'un grand général; mais à la fin la trahison d'un de ses chefs et la mutinerie de ses troupes, qui l'empêchèrent de vaincre ou de mourir les armes à la main, l'obligèrent de signer une capitulation qui lui coûta la vie.

Ses malheurs rejaillirent sur ses trois fils dont l'Italie fut aussi le tombeau. L'aîné mourut de douleur à la vue de celui de son père. On peut juger de la perte que fit l'état, par l'aveu que Louis XII avait fait en présence de toute sa cour, qu'il devait la conquête de Naples à la valeur du jeune comte de Montpensier.

Le second fut le fameux connétable de Bourbon qui périt sous les murs de Rome.

Et le troisième fut tué à la bataille de Marignan.

CHARLES III,

Duc de Bourbon, Connétable de France.

S'IL est du devoir de l'historien de prononcer l'anathême contre le sujet qui a trahi son roi et sa patrie, il est de sa justice de mettre dans la balance, d'abord les motifs qui l'ont forcé à la défection, ensuite les services qu'il a rendus à l'état, enfin les vertus et les talens qu'il a déployés.

Pour bien juger le héros sur lequel nous prononçons comme l'histoire, il faut se reporter à l'époque où il vivait, connaître les mœurs du tems, leur influence, et calculer les situations dans lesquelles il s'est trouvé.

En suivant cette marche, nous voyons

que Bourbon naquit peu après les orages qui avaient agité les règnes de Louis XI et de Charles VIII, dans un tems où les grands cherchaient à resaisir l'autorité dont le premier de ces rois les avait privés, et où la révolte ne passait pour un crime, que lorsqu'on n'était pas assez puissant pour la soutenir.

Bourbon, premier prince du sang, connétable de France, couronné de lauriers dès l'aurore de sa vie, reçoit de son roi un affront public et sanglant, sans qu'aucun prétexte pût justifier cette offense. Depuis qu'il existait des connétables, leur droit était de commander l'avant-garde de l'armée, même quand le roi la conduisait en personne. François Ier. marchant à la conquête des Pays-Bas, donna le commandement de l'armée au duc d'Alençon, garda Bourbon sous lui au corps de bataille, et lui prodigua d'autres dégoûts (1). Ce prince ne

---

(1) Histoire de la maison de Bourbon, par Désormes, tom. II, p. 469.

pouvait être humilié ; mais profondément affecté de ces injustices, il sut cependant les dévorer ; il en connaissait la source.

Une femme que l'histoire nous peint ambitieuse, avide, fastueuse, galante et vindicative, la duchesse d'Angoulême, mère de François I er., oubliant son âge, la décence de son sexe, les liens qui l'unissaient aux Bourbons, s'opiniâtrait sans succès à sa conquête : furieuse de ses dédains elle commença à le rendre suspect à son roi, lui valut les affronts qu'il essuya, et finit par le faire dépouiller de l'immense héritage de sa maison, qui lui fut enlevé par un arrêt inique que rendit le parlement de Paris, entraîné par le crédit et peut-être l'argent de la duchesse d'Angoulême, qui s'opposa constamment à ce que son fils rendît justice au connétable qui plusieurs fois avait tenté sans succès, de dessiller les yeux du monarque prévenu.

Ce prince, du faîte des grandeurs et

de l'opulence, tombé dans la disgrâce de son roi et la pauvreté, sans avoir jusque-là rien eu à se reprocher, récapitulant ses droits outragés, ses services méconnus, sa faveur éclipsée, son rang avili, ouvrit enfin son âme aux funestes attraits de la vengeance : l'histoire nous dit qu'il combattit longtems cette passion ; mais à quoi le mépris et l'injustice ne portent-ils pas une âme fière et sensible ?

Telle fut la trempe de celle de Bourbon : l'honneur et l'intérêt blessés lui dissimulèrent la honte et les dangers de la rébellion ; il en leva l'étendart, osa combattre son roi, eut le fatal avantage de le faire prisonnier, et alla expier cet attentat sous les murs de Rome, où il perdit la vie.

Ainsi périt ce grand homme aux mânes duquel son armée plus irritée que découragée de sa mort, immola malheureusement trop de victimes ; il les eût épargnées, car il était humain ; mais lui seul était capable de sauver une ville prise d'assaut de la fureur de la soldatesque avide. On peut dire de ce prince comme du fameux Gustave, son émule en vaillance, qui périt à la bataille de Lutzen, que ses troupes gagnèrent : *etiam post funera victor*.

Après avoir exposé avec franchise les motifs qui forcèrent Bourbon à s'armer contre son roi et les tristes suites de cet acte de désespoir, nous devons à la mémoire de cet illustre coupable, de peindre rapidement les années de sa vie, qui précédèrent sa révolte.

A vingt-quatre ans il avait été nommé gouverneur de la Bourgogne, où il n'y avait aucune place forte, et qui était menacée de nouveau par les Suisses que Latrémoille avait renvoyés avec de l'argent (1). Bourbon sut la mettre en état de défense ; l'argent du roi fut mieux em-

---

(1) Histoire de la maison de Bourbon, par Désormes, tom. II, p. 399.

ployé, et les Suisses n'osèrent tenter une nouvelle invasion.

A cette époque il avait gagné la bataille d'Aignadel.

Peu de tems après il déploya la plus grande bravoure et le vrai génie militaire *au combat des géants* (1); c'est ainsi que Trivulce qui s'était trouvé à dix-huit batailles, appelait les deux journées de *Marignan* (2), où Bourbon commanda en qualité de connétable, à l'âge où les autres hommes commencent la carrière des honneurs militaires.

C'est après ces brillantes journées qui abattirent l'orgueil hélvétique, que François Ier. écrivit à sa mère : *et vous encore veux assurer que mon frère le connétable*

---

(1) Histoire de la maison de Bourbon, par Désormes, tom. II, p. 430.

(2) Il est à remarquer qu'à cette fameuse et sanglante bataille, où il périt quinze mille Suisses, se trouvaient huit princes du sang, dont sept de la branche de Bourbon; deux furent tués.

et M. de St.-Pol ont aussi bien rompu bois que gentilshommes de la compagnie, quels qu'ils soient ; et de ce, j'en parle comme celui qui l'a vu, car ils ne s'épargnaient non plus que sangliers échauffés.

Alors François Ier. voyait Bourbon tel qu'il était, comme le héros de son siècle (1). Il voulut récompenser ses services d'une manière remarquable, en lui accordant la prérogative de créer des métiers dans toutes les villes du royaume; et le parlement, écho de l'Europe entière, déclara dans son arrêt d'enregistrement des lettres-patentes, que c'était *en considération de la vertu extraordinaire de Bourbon.*

On repoussera tout soupçon de flatterie, en réfléchissant que ce prince, en dix-huit mois, avait acquis à la France Gênes et la

---

(1) Histoire de la maison de Bourbon, par Désormes, tom. II, p. 437.

Ligurie, dompté les Alpes, gagné les batailles dont nous venons de parler, conquis et sauvé le Milanais (1).

Tels sont les services qu'il rendit à sa patrie et ses titres à la gloire. Il y en joignit de plus flatteurs par l'exercice des vertus privées ; il fut l'idole de ses vassaux par sa bonté, sa popularité, sa munificence..... S'il paraît impossible d'épargner à ce grand homme le blâme de la postérité, convenons au moins qu'elle ne peut lui refuser son admiration, et répétons avec elle : *notum quid furens femina possit.*

---

(1) Histoire de la maison de Bourbon, par Désormes, tom. II, p. 449.

FRANÇOIS DE BOURBON,

Comte de Saint-Pol.

Un trait suffit pour caractériser son amour pour sa patrie (1). Bayard défendait la mauvaise place de Mézières contre les Allemands. La prise de cette ville leur ouvrait la Champagne, et Paris était menacé. Le comte de Saint-Pol à la première nouvelle de ce danger, s'arrache aux plaisirs de son âge, s'élève au-dessus du préjugé d'un siècle encore barbare, qui ne permettait pas à la noblesse, à plus forte raison à un prince du sang, de servir à la tête de l'infanterie, lève dans ses do-

---

(1) Histoire de la maison de Bourbon, par Désormes, tom. II, p. 466.

maines, un corps de six mille hommes de pied et de huit cents de cavalerie, les discipline et les mène au roi. Cet exemple électrise les plus grands seigneurs; ils l'imitent, et voilà l'époque de l'institution de l'infanterie nationale, qui a fait depuis la force et la gloire de la France. Ce service seul immortaliserait le comte de Saint-Pol. Il en rendit d'autres. Avec ses six mille *diables* (on appelait ainsi ce corps d'infanterie qu'il avait créé) il passa l'Escaut en présence de l'armée de Nassau; se maintint contre douze mille hommes qui étaient venus l'attaquer, et donna le tems à l'armée française de passer ce fleuve. Charles-Quint quitta son armée pour s'enfoncer dans les Pays-Bas, et si François Ier. n'inquiéta pas la retraite de Nassau, c'est un de ces phénomènes que l'histoire ne peut expliquer.

---

(1) Histoire de la maison de Bourbon, par Désormès, tom. II, p. 470.

Le comte de Saint-Pol eut une fin digne de sa glorieuse vie (1). Il fut tué à la bataille de Pavie, en couvrant le roi de son corps, et après avoir fait des prodiges de valeur.

―――――――――――――――――

(1) Histoire de la maison de Bourbon, par Désormes, tom. II, p. 580.

CHARLES DE BOURBON,

Duc de Vendôme.

Ce prince fut l'un des sept de sa branche, qui combattirent à Marignan, et quoique fort jeune il s'y montra digne de ses aînés, ainsi qu'à la bataille d'Aignadel. Gouverneur de la Picardie à vingt-cinq ans, il la défendit contre Nassau, et le chassa de cette province (1). Il eut le même succès contre le comte de Fiennes dont il allait détruire l'armée, quand le roi lui fit défendre de livrer le combat. Les Suisses ayant refusé de le suivre pour faire lever le siége de Dour-

___

(2) Histoire de la maison de Bourbon, par Désormes, tom. II, p. 471.

lens, il les cassa ignominieusement, rassembla les garnisons voisines, et délivra cette ville (1).

Mais ce qui immortalise ce vertueux prince, et semble devoir effacer en partie cette tache que le connétable venait d'imprimer à sa gloire et à son nom, c'est le refus généreux qu'il fit de la régence que les grands voulaient qu'il acceptât, au mépris de l'arrangement fait par François Ier., alors prisonnier, en faveur de sa mère. Vendôme connaissait ses droits; il était en état de les soutenir; mais en les réclamant, il eût allumé la guerre civile; il sacrifia son ambition à sa patrie, et répondit aux députés de tous les ordres de l'état ces paroles mémorables : *Messieurs, je vais à Lyon recevoir les ordres de madame la régente qui m'appelle avec tous les*

---

(1) Histoire de la maison de Bourbon, par Désormes; tom. II, p. 476.

grands du royaume, pour travailler à la liberté du Roi et à votre salut (1).

Cette noble action sauva peut-être la France, et la liberté du roi fut due autant aux efforts de Vendôme, qu'à la sagesse qu'il déploya dans les conseils.

Mais il s'agissait de payer la rançon de ce monarque infortuné, de prélever sur des sujets épuisés par une guerre longue et ruineuse, sur des campagnes dévastées, une somme énorme de deux millions d'écus d'or qui n'existaient pas en France. François Ier. exposa ses besoins aux notables assemblés, avec une candeur, une sensibilité qui passa dans leur âme. Les députés des trois ordres et de la magistrature firent les plus nobles sacrifices. Vendôme, président de la noblesse, en exprimant le vœu de son ordre, donna la mesure de son attachement à son roi

---

(1) Histoire de la maison de Bourbon, par Désormes, tom. II, p. 590.

et à sa patrie : *Sire*, dit-il ; *la noblesse vous offre la moitié de ses biens; si la moitié ne suffit pas, la totalité avec nos épées et tout notre sang, jusqu'à la dernière goutte......: j'ose répondre qu'il n'y a pas un seul Français honoré du titre de gentilhomme, qui ne se fasse un devoir sacré de suivre notre exemple, et de se sacrifier pour son maître* (1).

Ce généreux dévouement ne fut pas stérile; il valut la liberté aux enfans de France en ôtage à Madrid, conserva la Bourgogne à la France, et couvrit d'une gloire immortelle la maison de Bourbon, puisqu'elle contribua elle seule pour un quart à la rançon des princes, en hypothéquant à Charles-Quint, pour cinq cent mille écus d'or de terres qu'elle possédait dans les Pays-Bas (2).

---

(1) Histoire de la maison de Bourbon, par Désormes, tom. III, p. 22.
(2) *Ibid.* p. 25.

Dubellay dit de Vendôme : *qu'il emporta au tombeau les regrets du Roi et de la nation, parce qu'il avait été prince magnanime, et avait fait de grands services à la couronne de France* (1). La postérité lui a confirmé le surnom de *Magnanime*.

---

(1) Histoire de la maison de Bourbon, par Désormes, tom. III, p. 94.

FRANÇOIS DE BOURBON,

Comte d'Enghien.

Jamais homme dans un âge aussi tendre, ne développa plus de talens militaires, et n'y joignit autant de vertus aimables. Il n'avait que vingt-trois ans quand le roi le mit à la tête de son armée en Italie. Par la sagesse de ses dispositions et de ses manœuvres, il gagna la fameuse bataille de Cerizolles, contre le plus expérimenté des généraux de l'empereur, le marquis du Guat, qui commandait une armée aguerrie et d'un tiers plus nombreuse que celle de France. Jamais bataille ne coûta moins de sang au vainqueur. Enghien ne perdit que deux cents soldats et peu d'officiers;

tandis que les vaincus laissèrent plus de quinze mille morts sur le champ de bataille, la caisse militaire, un convoi destiné à ravitailler Carignan et tous les équipages de l'armée (1).

Cette bataille sauva non-seulement le Piémont et la Savoie, mais encore les provinces méridionales de la France, qui se trouvaient sans défense.

Il eut le courage de signer une protestation contre le traité de Crépy, et engagea le parlement de Toulouse, capitale de son gouvernement, à protester aussi contre ce traité honteux pour la France.

Que n'était-on pas en droit d'attendre d'un prince qui joignait la bonté, la douceur des mœurs et la générosité, à une bravoure brillante et à des talens

---

(1) Histoire de la maison de Bourbon, par Désormes, tom. III, p. 164.

étonnans pour son âge ? Il périt d'un accident cruel, à vingt-huit ans. Mais si jeune, il illustra ce beau nom d'Enghien porté depuis avec tant de gloire par d'autres princes de la maison de Bourbon.

LOUIS DE BOURBON,

Prince de la Roche-sur-Yon.

Ce prince ne possédant que la terre de son nom, s'appliqua à réparer les torts de la fortune, en cultivant les dons de la nature. Pendant les règnes les plus orageux il fut le seul prince qui, fidèle à ses principes, ne prit aucune part aux factions. Rebuté des vains efforts qu'il avait faits pour sauver son pays de la guerre civile, il se contenta d'en adoucir les maux, et se tint toujours éloigné du foyer.

L'histoire lui accorde sagesse, valeur, franchise et magnanimité. Un trait connu et célèbre ajoute à ces vertus celle qui honore le plus l'homme, l'humanité.

A la poursuite des Impériaux forcés de lever le siége de Metz, le prince de la Roche-sur-Yon plus ardent que les autres chefs, venait d'atteindre un corps de cavalerie espagnole, et se disposait à l'attaquer, quand l'officier qui le commandait, sort des rangs et crie au prince : *Brave Français, vous vous disposez à combattre, sans doute pour acquérir de la gloire ; mais si vous n'êtes conduit que par ce noble motif, attendez une autre occasion, car vous n'auriez que la peine d'égorger des hommes hors d'état de vous résister et même trop faibles pour prendre la fuite* (1).

Bourbon fut attendri, et eut l'humanité de ne pas abuser de la détresse de cette troupe et la générosité de la laisser se retirer.

---

(1) Histoire de la maison de Bourbon, par Désormes, tom. III, p. 231.

L'épitaphe que Passerat fit à ce prince, achève son éloge (1).

Carolus hìc jaceo Borbonius, inclytus armis;
Delectus regis pueri moresque, domumque,
Qui regerem, rerum experiens, et sanguine junctus:
Extorsi infensis sceleratos civibus enses.
Consilio, meque incolumi pax integra mansit.

---

(1) Histoire de la maison de Bourbon, par Désormes, tom. III, p. 160.

Le Prince
CONDÉ.

Le Duc   *Le Duc*
DE BOURBON.   D'ENGHIEN.

LOUIS Ier.,

Prince de Condé.

Il est la tige de tous les héros de ce nom, et l'on peut bien dire qu'il leur a donné l'exemple. Forcé de défendre sa religion et sa maison contre l'ambition et la persécution des Guises, jamais il ne se souleva contre l'autorité royale qu'il sut toujours respecter ; aussi dès qu'on rendait aux protestans la liberté du culte, ce prince quittait les armes et rentrait dans la vie privée. La sienne fut très-agitée ; trompé par Médicis et les Guises, à chaque traité de paix il fallait préparer les moyens de recommencer la guerre.

L'éloge de ce prince est d'autant moins suspect, qu'il a été fait par les plus sincères et les plus judicieux écrivains catholiques.

C'était, dit de Thou (1), *un prince encore plus illustre par son courage, ses talens et ses hautes vertus, que par le sang royal qui coulait dans ses veines: l'affabilité, la libéralité, l'éloquence, l'expérience et la constance se trouvaient réunies dans sa personne, au dégré le plus éminent.*

Condé, ajoute le Laboureur, *fut toujours le défenseur intrépide des droits de son auguste maison, attaqués par des étrangers ambitieux et jaloux, et méconnus par des rois inconsidérés. Il traça la route à son neveu Henri IV, et lui laissa dans les Huguenots, un parti puissant qui le mit d'abord à couvert de l'oppression et de la perfidie, et qui ensuite ne contribua pas peu à*

---

(1) Histoire de la maison de Bourbon, par Désormes, tom. III, p. 348.

le porter sur un trône qui lui était légitimement acquis.

Condé périt à la bataille de Jarnac; il avait un bras en écharpe et une jambe cassée, qu'il commandait encore. Son cheval est tué sous lui; en attendant qu'on le remonte, il se défend à genoux; enfin voyant Lavergne de Tressan avec vingt-cinq de ses fils et neveux qui le couvraient de leurs corps, tous tués ou blessés, il se rend à un gentilhomme catholique qui lui promet la vie (1). On porte ce grand homme sous un arbre; officiers et soldats l'entourent, le plaignent, l'admirent; le lâche Montesquiou arrive, et lui casse la tête d'un coup de pistolet.

Barbare Montesquiou, moins guerrier qu'assassin,
Condé déja mourant tomba sous ta furie.

---

(1) Histoire de la maison de Bourbon, par Désormes, tom. III, p. 340.

HENRI DE BOURBON,

Prince de Condé.

Élevé comme son cousin Henri IV, au sein des troubles civils et de l'adversité, il erra longtems avec les débris du parti que commandait son père, et se rendit digne de le remplacer (1). Tous les historiens s'accordent à dire de ce prince, que son humeur était égale, son âme grande et affectueuse, sa raison solide et éclairée, ses mœurs pures. Forcé par les circonstances les plus impérieuses, à combattre sans relâche pour sa religion, pour les opprimés qui lui avaient confié leur dé-

---

(1) Histoire de la maison de Bourbon, par Désormes, tom. III, p. 373.

fense, pour sa fortune, son honneur et sa vie, il tempéra du moins ces horreurs inséparables de la guerre, par tout ce qu'une ingénieuse humanité put lui suggérer ; et quand on considère qu'il ouvrit cette épineuse carrière à dix-sept ans, et qu'il avait à lutter contre l'ambition effrénée des Guises et leurs talens, contre le machiavélisme et les perfidies de Médicis, enfin contre les derniers Valois, dignes fils d'une pareille mère, armés de l'autorité royale, et auxquels rien ne coûtait pour satisfaire leur vengeance, on ne peut qu'admirer le génie puissant qui fit surmonter autant d'obstacles à Condé, on ne peut que déplorer la triste fin de ce grand homme qui mourut empoisonné à la fleur de l'âge.

Tels ont été la plupart des Bourbons non couronnés. Plusieurs d'entre eux auraient fourni des traits isolés dignes d'éloges ; mais nous ne nous sommes attachés qu'aux princes de cette illustre maison ; qui ont montré un caractère soutenu de bonté, de bienfaisance et de magnanimité : car la bravoure est héréditaire parmi les Bourbons.

Leur premier chef couronné fut Antoine de Bourbon, roi de Navarre, père de Henri IV. Il eut des vertus, mais de l'irrésolution et de la faiblesse : heureusement qu'il ne transmit à son fils que les rares qualités qui le rendirent l'idole de son peuple et la terreur des factieux.

HENRY IV.

LOUIS XIII.　　　　LOUIS XIV.

HENRI IV,

Roi de France et de Navarre.

La providence sembla avoir formé ce prince pour le salut de la France livrée depuis des siècles à toutes les horreurs des guerres civiles et étrangères. Elle l'avait fait naître loin des flatteurs ; son éducation avait été dure, son berceau entouré de dangers, sa jeunesse laborieuse. Il n'avait que quinze ans lorsqu'il fut déclaré chef du parti protestant. Il était impossible qu'il eût à cet âge, l'expérience du guerrier; mais la nature lui en avait déja donné la vaillance et le coup d'œil, au point qu'il jugea sainement du succès des batailles que donna le fameux amiral Coligny, grand homme de guerre, mais malheureux. Les fautes de ce général et des autres chefs ne lui échapèrent pas, et lui servirent de préservatif dans les nombreuses affaires qu'il engagea, d'abord pour soutenir son parti, ensuite pour conquérir son royaume. On voit dans le cours de sa vie, qu'un de ses grands talens fut de connaître les hommes et de les mettre à leur place. Il démêla dans le brave et sévère Rosny, un financier aussi éclairé qu'économe; dans Mornay, un profond négociateur; dans Villeroy, un excellent administrateur; enfin dans Jeannin, un ligueur de bonne foi, qui n'aspirait qu'à sauver la religion de l'état et sa patrie. Il employa ces grands hommes avec succès à la conquête et au rétablissement de son royaume que, dans le court espace de vingt-un an de règne, il tira de l'état le plus désespéré, et qu'il laissa à sa mort, dans la situation la plus florissante.

Henri, au titre de grand, mérita de

joindre celui plus cher à son cœur, de père de son peuple, toutes ses actions ayant toujours eu sa félicité pour objet.

Cet excellent roi enrichit singulièrement la monarchie par la réunion de son patrimoine qui comprenait la Basse-Navarre et le pays des Basques, le Béarn, les comtés de Foix et de Bigorre, d'Armagnac, de Rouergue et de Périgord, le duché d'Albret, la vicomté de Limoges, le Vendômois, le duché de Beaumont, la vicomté de Châteauneuf, les comtés de Marle et d'Enghien, de Dunkerque et de Gravelines, et plusieurs autres baronies et fiefs dans les Pays-Bas.

Il avait forcé le duc de Savoie à lui céder en échange du marquisat de Saluces, la Bresse, le Bugey, le Valromey, les pays de Gex, Michaille et Ballon; ce qui, au lieu d'un pays enclavé dans les états du duc, procurait aux siens une frontière contigüe et plus à sa convenance, et deux provinces fertiles et peuplées. Aux vues politiques Henri réunissait le plus grand fond d'humanité ; toutes ses actions en portent l'empreinte. Pendant la guerre de la Ligue, Joyeuse avait eu la barbarie de réduire en cendres la ville de Marvejols, après en avoir passé au fil de l'épée la garnison et les habitans, et de consacrer cette inhumanité par une pyramide de marbre, sur laquelle était gravé ce déshonorant exploit. Henri, parvenu à la couronne, se hâta de faire abattre ce honteux monument, et de rebâtir la ville à ses dépens.

Loin d'insulter aux vaincus, ce bon prince ne s'occupait qu'à les consoler. Après la fameuse bataille de Courtray on le vit accueillir tous les prisonniers distingués, non-seulement avec le respect dû aux malheureux, mais encore avec la grâce et l'affabilité qui lui étaient naturelles, louer les braves, s'attendrir sur le sort de ceux qui avaient péri ; élargir les uns sans rançon, faire rendre aux plus vaillans leurs armes et leurs drapeaux, et avoir soin des blessés ennemis comme des siens. Une joie indécente, un orgueil déplacé ne flétrirent pas ses lauriers ; il avait gagné la bataille en héros, il sut jouir de sa victoire en sage. Les deux Joyeuse s'étaient vantés de l'amener pieds et poings liés à Paris ; ils furent tués sur le champ de bataille ; Henri fit transporter leurs restes à Paris, et leur fit rendre les plus grands honneurs sur la route. Il fit plus ; au moment de son triomphe il envoya offrir la paix : rare exemple de modération !

Givry connaissait bien ce grand roi quand après la mort de Henri III, fléchissant le genou devant son nouveau souverain, il lui adressa ces paroles remarquables : *Ah ! Sire, vous êtes le roi des braves, il n'y aura que les poltrons qui vous quitteront.*

Avec quelle fermeté, n'étant encore que roi de Navarre, ne fit-il pas afficher aux portes du Vatican, sa protestation contre la bulle d'excommunication de Sixte V! Le fier pontife ne put refuser son admiration et son estime à un souverain qui savait soutenir les droits de sa couronne avec non moins de fermeté que d'éloquence.

A la bataille d'Ivry, la déroute des ennemis étant générale, Henri pouvait tailler en pièces les bataillons Suisses isolés sur le champ de bataille ; il préféra de les recevoir à composition et de les renvoyer chez eux ; cet acte de clémence lui gagna tous les cantons catholiques.

Au siége de Paris, il pouvait s'emparer de la ville en repoussant les bouches inutiles que la ligue en chassait inhumainement : ce bon prince aima mieux retarder ses succès que de les devoir à des actes d'inhumanité ; il nourrit quelque tems les rébelles, et sachant les ravages que la faim causait dans Paris, et que cinq ou six jours encore l'en rendraient maître, il ne put se résoudre à régner sur des cadavres, et s'éloigna.

Quelque brave que fut Henri, sa clémence et sa justice avancèrent encore plus ses affaires que ses armes n'auraient pu faire ; il en donna deux exemples frappans en un jour, celui où il prit possession de Paris : les équipages de Lanoue, l'un de ses meilleurs généraux, furent saisis pour dettes ; ce général s'en plaignit à son maître qui lui répondit d'abord publiquement : *Lanoue, il faut payer ses dettes, je paie bien les miennes ;* mais ensuite il le tira à part, et lui remit des pierreries pour les engager à ses créanciers.

Le soir du même jour, il joua aux cartes avec la duchesse de Montpensier, de la maison de Guise, ligueuse forcenée et son ennemie mortelle.

Mayenne en voulait à son trône et à sa

vie, lui cherchait des ennemis partout, continuait la guerre presque seul : Henri le désarme à force de bienfaits, et pour toute vengeance, le force à lui demander grâce dans des terres labourées où il le promenait, et où ce duc ne pouvait plus le suivre. Mayenne devint l'ami et le plus zélé serviteur de son roi.

Au siége d'Amiens, l'archiduc se présenta si brusquement, que l'armée de Henri parut ébranlée : aussitôt ce prince, le chapeau à la main, les yeux au ciel, dit à haute voix ces paroles dignes d'un roi chrétien et père de ses peuples : *Ah! Seigneur, si c'est aujourd'hui que tu me veux punir comme mes péchés le méritent, j'offre ma tête à ta justice; n'épargne pas le coupable; mais, Seigneur, par ta sainte miséricorde, prends pitié de ce pauvre royaume, et ne frappe pas le troupeau pour la faute du berger.*

Rien n'échappait à la sagacité de Henri. Tandis qu'il veillait à la sûreté de sa noblesse en proscrivant sévèrement les duels, des flotilles établies sur les côtes, les purgeaient des pirates qui les infestaient ; d'autres poussaient jusqu'au Canada, et y préparaient le commerce de fourrures, qui depuis nous a été si avantageux. On peut dire que ce prince eut tout à recréer, et qu'il vivifia tout, agriculture, commerce, manufactures, marine, armée, finances, police ; en un mot, il ramena l'ordre et l'abondance où il n'avait trouvé que confusion et misère ; et son vœu paternel était déja en partie réalisé, quand la France perdit en lui le meilleur roi qui l'eût jamais gouvernée.

On doit à ce grand prince les Galeries du Louvre, le Pont-Neuf, la Place-Royale, le Collége de France, les quais de la Seine, Fontainebleau, Mouceaux, Saint-Germain, et beaucoup d'autres ouvrages publics, des grands chemins réparés et des églises rebâties dans tout le royaume.

L'étrange désolation qui y régna à la nouvelle de sa mort, les gémissemens, les cris qui éclatèrent dans Paris, donnèrent la mesure de la perte que le peuple venait de faire : on s'embrassait dans les rues en s'criant : *Ah! quel malheur!* Les pères disaient à leurs enfans : *Que deviendrez-vous mes enfans, vous avez perdu votre père ?* Ce premier élan de la douleur publique n'est jamais suspect, et c'est des témoignages de la sensibilité générale que se compose l'oraison funèbre des bons princes.

LOUIS XIII,

Surnommé le Juste.

Ce souverain hérita de la valeur et de l'équité de son père (1). Au siége de La Rochelle, il montra la plus grande intrépidité. Bassompiere rapporte que dans une attaque des Anglais, Louis XIII ne quitta pas une batterie, et qu'il lui passa plus de 300 boulets par-dessus la tête. Une autrefois il passa, à minuit, avec ses seuls gardes, dans l'île de Ré, d'où il chassa Soubise après l'avoir défait complettement. A la tranchée de Royan il était monté plusieurs fois sur les ban-

---

(1) Variations de la monarchie française, par Gautier de Sibert. Tom. IV, p. 128.

quettes à découvert, avec un danger évident de sa vie; enfin il avait forcé en personne les trois barricades du Pas de Suze : traits d'intrépidité qui l'égalent en bravoure à Henri IV.

Louis XIII avait établi au château de Bicêtre, une communauté de chevalerie, sous le titre de commanderie de Saint-Louis, pour les soldats invalides, comme Henri IV avait fondé la maison royale de la Charité chrétienne, pour les soldats estropiés (1). Ces deux établissemens furent le noyau de celui de l'Hôtel royal des Invalides, par Louis XIV ; mais une des époques marquantes du règne de Louis XIII (2), fut le rétablissement de la marine anéantie pendant les guerres civiles. Ce prince en tarit la source, en réprimant l'ambition des grands, et en

---

(1) Variations de la monarchie française, par Gautier de Sibert. Tom. IV, p. 177.

(2) *Ibid.* pag. 175.

ruinant le parti protestant toujours rebelle. Il conquit le Roussillon, le réunit au royaume, ce qui lui donna en cette partie, les Pyrénées et la mer pour barrières ; il réunit aussi la ville et principauté de Sedan, frontière importante au nord.

Enfin ce prince eut le courage de se laisser éclipser par un ministre qu'il haïssait, mais dont il sentait que les talens lui étaient nécessaires pour l'aider à soutenir le trône avec cet éclat qui fit appeler son règne l'aurore de celui de Louis XIV.

La postérité a rendu justice aux grandes qualités de Richelieu, mais ne lui a pas fait grâce de ses vices ; elle a su distinguer ses œuvres de celles de son maître qui jamais ne ratifia ses projets qu'après conviction ; et en confirmant au monarque le surnom de *Juste*, elle a consacré toutes les vertus que l'équité suppose, et a laissé au ministre l'odieux des actes de despotisme qui ont souillé sa gloire.

LOUIS XIV,

Surnommé le Grand.

Les détracteurs de ce grand roi n'ont osé lui faire qu'un reproche, celui d'avoir trop aimé la guerre : il se le fit à lui-même en mourant ; mais lui seul était en droit de s'accuser à ce sujet. Il n'envisageait alors que les maux que son peuple avait soufferts. La postérité, toujours équitable, met en balance l'accroissement de la France, celui de son commerce, de son industrie, les établissemens aussi utiles que brillans, qui illustrèrent le plus long règne de la monarchie, les grands hommes dans tous les genres, que Louis XIV forma et sut employer, enfin la considération et la supériorité qu'il acquit à son peuple.

En effet ce prince réunit à sa couronne, l'Alsace, des baillages démembrés des Trois Évêchés, la Franche-Comté, une partie de la Flandre et de l'Artois, Avêne et Dunkerque, et l'île de Cayenne; mit sur le trône d'Espagne son petit-fils, et sut l'y maintenir contre les efforts de l'Empereur, de l'Angleterre, de la Hollande et de la Savoie.

Il fonda les Académies des Inscriptions et Belles-Lettres, de Peinture, Sculpture et Architecture : il établit cette dernière à Rome. Il fit exécuter ce fameux canal de Languedoc si longtems projeté ; il mit sa marine sur un pied formidable, et rendit imprenables les ports de Brest et de Toulon. On doit à ce prince la façade du Louvre ; il rétablit les Ecoles de Droit et celle de Droit français ; il bâtit l'Observatoire.

On vit s'élever sous son règne les Manufactures des Gobelins, de Saint-Gobin, celles des points de France et de toiles à voiles.

Il fonda les Invalides, embellit Paris de ses principaux monumens, et fonda Saint-Cyr.

Il forma les compagnies des Indes orientales, et acheta Pondichéry pour protéger ces établissemens.

Il pensionna des savans dans toute l'Europe, et en attira à sa cour.

La justice lui doit ces fameuses ordonnances qui ont immortalisé les Daguesseau, les Talon, les Bignon, et l'édit contre les duels, qui a conservé le sang le plus pur de la France, dans un tems où le faux point d'honneur en faisait répandre des flots.

La garde corse ose insulter l'ambassadeur de France. Louis XIV s'empare d'Avignon, exige et obtient la réparation la plus solennelle ; cette garde est cassée, et une pyramide est élevée devant la caserne, portant pour inscription le détail de l'injure et de la satisfaction.

Les Génois violent la neutralité convenue et se déclarent pour l'Empereur, avec lequel la France était en guerre ; le roi force la république à lui envoyer son doge mettre à ses pieds le repentir des Génois, et les oblige à conserver à ce premier magistrat, une place que d'après les lois de l'état, il devait perdre en sortant des murs de la ville.

Les Barbaresques insultent le pavillon français. Fez, Alger et Tunis sont bombardés et forcés à un traité qui rend la tranquillité à notre commerce.

L'ambassadeur d'Angleterre dans une audience, s'oublie devant Louis XIV, jusqu'à prendre un ton menaçant : *Monsieur l'ambassadeur*, lui dit froidement ce souverain, *j'ai toujours été maître chez moi, quelquefois chez les autres ; ne m'en faites pas souvenir.*

Enfin l'on dit le siècle de Louis XIV, comme on dit le siècle d'Auguste ; mais il y a la différence entre ces deux princes, que le premier ne dut pas son empire à une usurpation, et n'eut pas à se reprocher les horreurs du triumvirat :

à cela près, on peut admettre le parallèle, et dire du siècle de Louis-le-Grand, ce que Velleius Paterculus dit de celui d'Auguste : *Eminentia cujusque operis, arctissimis temporum claustris circumdata.* Les chefs-d'œuvre, dans chaque genre, y sont renfermés dans le cercle étroit de quelques années.

Louis éprouva des revers et des malheurs dans les dernières années de sa vie. Ils servirent à manifester la force de son âme ; on le vit se roidir contre l'infortune et terminer sa longue carrière par une paix générale et glorieuse.

LOUIS XV,

Surnommé le Bien-Aimé.

Un surnom aussi affectueux ne se donne pas à un mauvais prince; l'adulation en ce cas, serait un outrage. Louis XV mérita ce titre par un grand fond de bonté qui le fit adorer de sa famille et de ses serviteurs jusqu'à sa mort. Les perfides courtisans abusèrent de cette qualité qui presque toujours s'allie à un peu de faiblesse, pour égarer le meilleur des rois : il paya donc son tribut à l'humanité. La passion des femmes ternit la fin de son règne. Des malheurs domestiques à la suite d'un attentat sur sa personne, resserrèrent son âme et semblèrent l'isoler des affaires générales qu'il abandonna peut-être trop à son conseil. Tels sont les reproches que la sévère postérité peut faire à la mémoire de ce prince; mais il paraît juste de mettre dans la balance ce qui a contribué à illustrer son règne.

La nature avait doué Louis XV de la bravoure innée chez les Bourbons, d'un jugement exquis, d'un esprit fin, qu'il orna de beaucoup de connaissances. Ce prince fut sensible et aima tendrement son peuple, sa famille et ses amis. Il éprouva le malheur des rois, celui d'en avoir peu, et de contracter une défiance des hommes, justifiée par la corruption qui environne tous ceux qui ont le pouvoir suprême.

Sans avoir eu le génie de son aïeul, Louis XV a fait époque dans l'Europe. Il eut de grands généraux, d'habiles ministres, des littérateurs recommandables. La France lui doit des monumens intéressans, des grandes routes et des canaux parfaitement entretenus, la fondation de l'Ecole-Militaire, la réunion de la Lorraine, province enclavée dans le royaume, et qui, possédée par la maison d'Autriche, eût beaucoup gêné nos communications pendant la paix et nos opérations militaires en tems de guerre, et celle de la Corse qui couvrait les ports de Toulon et de Marseille, protégeait notre commerce du Levant, et nous fournissait d'excellens bois de construction.

C'est ici qu'il faut rappeler que les rois de la branche de Bourbon, pendant un règne d'environ deux cents ans, ont réuni à la monarchie un royaume, douze provinces ou pays et une infinité de villes et de terres considérables, et que c'est à eux que la France doit presque tous les monumens qui l'embellissent.

LOUIS DE BOURBON,

Surnommé le Grand-Condé.

Il fut le héros de son siècle. A 22 ans il gagna la bataille de Rocroi, époque de la destruction des fameuses lances espagnoles. On lui pardonna sa rébellion, ainsi qu'à Turenne et aux autres grands hommes qui marquèrent pendant la minorité orageuse de Louis XIV, parce que leur but ne fut jamais que d'éloigner un ministre étranger qui déplaisait aux grands et à la nation. Condé, un instant la terreur du trône, en devint le plus ferme appui. La France lui dut une partie de ses conquêtes et de sa gloire, et, sous cet aspect, il peut en être considéré comme le bienfaiteur, les princes sans couronne ne pouvant faire des heureux que dans le cercle étroit de leurs familiers. Le Grand-

Condé, après avoir payé sa dette à l'état, acquitta celle de l'homme sensible, fit du bien dans ses terres, sut ennoblir ses loisirs et mourir comme il avait vécu.

LOUIS XVI.

Peu de souverains ont eu un commencement de règne aussi brillant que Louis XVI, et une fin aussi tragique et aussi peu méritée.

Ce prince eut beaucoup de vertus et point de vices : son amour sans bornes pour le peuple ingrat qui l'a immolé, est précisément ce qui l'en a rendu la victime. Si cet infortuné monarque eût pu se persuader que quelques gouttes de sang impur versé à propos en eussent épargné des torrens du plus précieux, le sien, celui de tant d'innocens, n'auraient pas coulé, et la France, heureuse et florissante, n'eût pas vu approcher sa dissolution dans les agitations convulsives d'une agonie prolongée.

Louis eut une âme trop expansive. Bon mari, bon ami, tendre père, excellent

parent, il a prouvé qu'il savait braver la mort, mais qu'il ne pouvait surmonter la crainte de voir en péril les personnes qui lui étaient chères et un peuple qu'il aimait : delà ces irrésolutions, ces abandons, ces fausses mesures, cette faiblesse enfin qui lui a coûté assez cher pour qu'on doive religieusement se défendre de la lui reprocher.

Ne voyons donc dans ce monarque malheureux que ce qui est de lui : sa bonté, sa longanimité, un jugement droit, beaucoup de connaissances, des mœurs pures, beaucoup d'ordre et d'économie, une sensibilité qui fut la source de ses revers, et sur-tout le besoin impérieux de faire le bonheur de son peuple, mobile sans cesse agissant de toutes ses actions, et dont il lui a été tenu si peu de compte.

Considérons-le dans sa tendre jeunesse, à peine sur le trône, au fort du cruel hiver de 1776, parcourant déguisé les asiles de la misère, y cherchant les malheureux, pour les soulager sans ostentation.

Maurepas lui fait envisager l'opération de Maupeou comme une atteinte aux lois constitutives de la monarchie : cette considération décide le jeune monarque à rétablir l'ancienne magistrature ; il ne voit dans cette mesure qu'un acte de justice ; il fallait plus d'expérience que son âge n'en supposait, pour saisir que les nouveaux corps épurés par le tems, eussent rendu les mêmes services, et n'auraient pas, comme leurs successeurs, uni leur ressentiment à ceux des factieux qui, dès longtems, méditaient le renversement de l'autel et du trône, et qui ne pouvaient attendre le succès de leurs attentats que de l'assemblée des Etats-Généraux.

Ce même ministre et Vergennes ne considérant que l'intérêt qu'a toujours eu la France, de mettre un frein à la puissance anglaise, peu délicats sur le choix des moyens, moins prévoyans encore, peut-être assez faibles en morale comme en politique, pour n'avoir pas su calculer le délit et le danger de soutenir des rébelles contre l'autorité légitime, ces deux ministres présentent leur plan à Louis XVI comme un moyen assuré d'affaiblir une nation ennemie et rivale, et d'illustrer par cette opération, le commencement de son règne. Quel prince, à cette époque, aurait résisté à un semblable appât ? quel prince s'en serait même repenti au milieu des applaudissemens du reste de l'Europe ? enfin qui pouvait prévoir alors que cette mesure politique, autorisée par tant d'exemples, deviendrait l'une des principales sources des calamités sous lesquelles nous avons gémi si longtems, et engendrerait ces douloureuses convulsions qui nous ont conduits au bord de l'abîme ?

Mais ce qui est sans tache, propre à Louis XVI et fait pour l'immortaliser, c'est l'affranchissement des serfs de ses domaines et l'abolition du droit d'aubaine : opérations qui peignent le fond de justice et d'humanité qui le caractérisait.

Les travaux du port de Cherbourg, la destruction des maisons sur les ponts de Paris, pour rendre la circulation à l'air, le pont qui porte le nom de ce bon prince, les statues des grands hommes commandées aux meilleurs artistes et les encouragemens accordés aux littérateurs, attestent les soins paternels qu'il donnait à son empire, son affection pour ses sujets, particulièrement pour les Parisiens, et son goût pour les arts.

Peu jaloux de la gloire des conquérans, Louis XVI sentit de bonne heure que la paix seule pouvait assurer le bonheur d'un état. Les secours qu'il donna aux Américains lui furent peu onéreux, et la France y gagna du côté du commerce, sans voir altérer sa tranquillité intérieure.

Un roi sage et vertueux ne pouvait mourir qu'en héros chrétien. Telle fut la fin de l'infortuné Louis XVI; fin tragique, forfait épouvantable qui couvrirait le nom français d'un opprobre éternel, si l'on pouvait confondre la France avec ce qui n'en était que la lie.

LOUIS XVII.

Que dire d'un prince qui, à peine sorti de la première enfance, ne fut roi qu'un instant, et le fut par le plus déplorable des attentats? Jamais la couronne ne ceignit son front; jamais ses mains ne portèrent le sceptre de ses aïeux; jamais il n'eut la douceur de voir ses fidèles sujets se prosterner devant lui et déposer à ses pieds l'hommage de leur fidélité. C'était aussi le sang de St.-Louis et de Henri IV qui coulait dans ses veines. Ni ce beau sang, ni l'innocence de son âge ne purent adoucir les monstres que ses pleurs et ses souffrances enivraient d'une joie féroce. Il passa rapidement du palais de ses pères dans une prison, et à peine ceux à qui la conscience et la loi fondamentale de l'état en faisaient un devoir, l'avaient reconnu pour leur roi, que le tombeau l'engloutit.

Le ciel voulut encore cette victime auguste et pure en expiation des forfaits qui se commettaient alors.... Regrets déchirans et qui rouvrent toutes nos plaies! Ecartons un instant, s'il est possible, des souvenirs trop douloureux, et disons à la postérité quels fruits heureux promettait au sol français cette jeune plante cultivée avec des soins si attendrissans, par les mains de Louis XVI, de Marie-Antoinette, d'Elisabeth.

Louis-Charles de France naquit à Versailles, le 27 mars 1785. C'était un second prince que Dieu accordait à ses augustes parens pour le montrer un instant à la terre et le placer ensuite parmi ses anges. Louis-Charles fut baptisé au moment de sa naissance. Madame la duchesse de Polignac, gouvernante des enfans de France, le présenta à la reine; il en reçut, ainsi que du roi, le titre de duc de Normandie. Louis XVI conservait au fond du cœur, une vive reconnaissance pour l'affection que ses sujets de Normandie lui avaient témoignée, lors de son voyage parmi eux. La reine partageait cette reconnaissance; tous les deux étaient convenus de donner au second fils qui leur naîtrait, le nom d'une province dont les habitans leur avaient fait passer des momens si doux, afin que ce nom rappelât un jour à l'enfant, l'amitié toute particulière qu'il devait porter à un peuple chez lequel l'auteur de ses jours avait recueilli tant de bénédictions. Tel fut le véritable motif qui les détermina à le nommer duc de Normandie, et des princes qui avaient ces généreuses attentions, méritaient eux-mêmes de trouver plus de reconnaissance.

Quatre ans après, Louis-Charles, par la mort de son frère aîné, devint l'héritier présomptif d'une couronne que les vils et barbares ennemis de sa famille ne lui permirent jamais de porter; il fut dauphin de France. Qu'augurer d'un enfant de quatre ans ? Mais à mesure qu'il croissait en âge, à mesure que les formes de son corps se développaient, et que l'éducation faisait germer dans son cœur les heureuses qualités dont il était doué, on se persuadait avec raison qu'il serait un digne successeur de Henri IV et de Louis XVI. Sa figure, dit un auteur (1), était céleste. Cet auteur a raison, l'expression n'est pas exagérée ; et je ne crois pas me laisser aller à aucune prévention, en assurant que de la vie, je n'ai vu un plus bel enfant. Il portait très-bien sa tête ; sa taille fine, svelte était parfaitement dessinée ; ses cheveux, qu'on laissait flotter sur ses épaules, ajoutaient à la beauté de sa tête ; on lisait dans ses yeux la bonté de Louis XVI, et on y entrevoyait déja la dignité de Marie-Antoinette. Il y avait dans ses manières, dans son maintien, je ne sais quelle loyauté chevaleresque. Tous ses mouvemens étaient vifs et gracieux. Dès qu'il eut appris à parler, sa bouche ne s'ouvrit que pour faire entendre à ceux qui l'approchaient, de ces

―――――――――――――――

(1) *V.* Notes sur le poème de la Pitié, de Delille.

naïvetés aimables et flatteuses qui commandaient la reconnaissance et ajoutaient à l'attachement qu'on portait aux auteurs de ses jours.

On lui avait pratiqué à l'extrémité de la terrasse du château de Versailles, vers l'orangerie, un petit jardin. Un jour que je me promenais le long de cette terrasse, j'aperçus l'auguste enfant qui se livrait avec toute l'ardeur de son âge, à ses travaux champêtres ; il béchait, émondait, arrosait, ratissait ; il y avait dans son application enfantine une candeur, une innocence, un charme qui me ravirent. Je ne pus m'empêcher de m'écrier : « Oh ! « l'aimable enfant ! veuille le ciel le cou- « vrir de ses bénédictions ! » Le jeune prince m'entend, il lève la tête, me regarde, et court vers la reine qui était dans la pièce attenante à la terrasse ; il lui dit : « Voilà une personne qui m'a « adressé des choses extrêmement hon- « nêtes ; je ne puis faire autrement que « de lui témoigner ma reconnaissance ;

« j'ai envie de lui présenter quelques-
« unes de mes fleurs. — Vous ferez fort
« bien, lui dit la reine. » Il s'élance aussitôt dans son petit jardin, coupe ses plus
belles roses, court après moi et me les
offre en me disant : « Je vous prie, mon-
« sieur, d'agréer ce petit hommage de
« ma reconnaissance pour la bonne opi-
« nion que vous avez de moi!.... » Aimable enfant! qui ne l'aurait pas aimé?
Et comment ces malheureux députés qui,
comme moi, pouvaient tous les jours
jouir de sa présence, restaient-ils impas-
sibles devant lui? Comment ne se sen-
taient-ils pas émus à la vue de ce roi et
de cette reine qui avaient jeté dans son
cœur toute leur bonté, toute leur affabilité? Disons-le à la louange des Français du tems présent ; c'est-là pour eux
un mystère de dureté incompréhensible.
« Je ne vois pas, disait le farouche Mi-
« rabeau, la nécessité que *ce petit bambin*
« soit un jour roi de France. » Autre
mystère de corruption : comment ne voir

dans le rejeton de tant de rois, dans le fils de Louis XVI, dans un enfant qui, à des yeux attentifs, brillait déja de tant d'éclat, qu'un *petit bambin* ?

Quoique si près du trône, le jeune dauphin n'était point élevé dans la mollesse. On lui laissait toute la liberté des ébats qui sont un besoin pour le premier âge, et qu'on ne pouvait en effet gêner sans nuire au développement des facultés physiques. Voici à ce sujet, ce que je tiens du chevalier du Pujet, placé auprès de lui en qualité de sous-gouverneur. Il m'a raconté qu'un jour, à Versailles, la reine étant debout à côté d'une fenêtre ouverte qui donnait sur le jardin, et causant avec quelques personnes, l'enfant qui ne s'amusait pas beaucoup de ce qu'on disait, se glissa derrière son auguste mère, et s'échappa dans le jardin. Le chevalier du Pujet qui s'en aperçut, demanda à la reine la permission de le suivre. « Et « pourquoi donc, lui dit la princesse ? « est-ce que vous craignez qu'il ne tombe ?

« il faut qu'il sache tomber. — Ce n'est
« pas, répondit le sous-gouverneur, pour
« l'empêcher de tomber, c'est pour savoir
« comment il tombe. » Ce trait n'est rien
en lui-même ; il prouve cependant que
la reine, dans l'éducation qu'elle donnait
à son fils, n'avait pas ces ménagemens
de faiblesse commune à tant d'autres
mères qui, pour épargner à leurs enfans
quelques légères douleurs, en font des
êtres timides et pusillanimes.

Ce qui plaisait sur-tout dans l'auguste
enfant, c'est qu'en conservant toute la
naïveté de son âge, il donnait à ce qu'il
disait une tournure piquante et originale à
laquelle on ne s'attendait pas. Ainsi le lendemain de l'infernale journée du 20 juin,
entendant encore des cris de férocité,
voyant encore autour de lui des mouvemens sinistres, il se précipita dans les
bras de la reine, et s'écria : « Eh ! maman,
« est-ce que ce terrible hier n'est pas
« encore fini ? » Au Temple, des commissaires de la convention étant venus

le voir, et l'ayant plaint des mauvais traitemens qu'il avait soufferts de la part de Simon, lui firent cette question : « si « vous veniez à régner, que feriez-vous « à cet homme ? » Supposez d'autres enfans à sa place; les uns vous eussent répondu, je le punirais; d'autres peut-être, je lui pardonnerais. Il ne dit ni l'un ni l'autre ; il répondit : « si je régnais, « je le punirais pour l'exemple. » Ainsi il laissait entrevoir que sur le trône, il réunirait la justice à la clémence; et c'est tout ce qu'on peut attendre d'un roi.

Dans cette même prison du Temple, l'enfant voit un jour sur la table une belle brioche : par un mouvement naturel à son âge, il la regarde avec des yeux de complaisance. On faisait alors grand bruit dans le monde des anarchistes, d'une armoire de fer, d'une armoire secrète trouvée au château des Tuileries par le ministre Rolland. L'enfant donc, après avoir contemplé la brioche, regarde sa mère et lui dit : « Voilà, maman, une bien belle et

« bien bonne brioche; je sais par ici une « armoire où, si vous le permettez, je « la mettrai, et elle y sera bien en sûreté, « car personne, je vous assure, ne pourra « l'en tirer. » On regardait, on cherchait, on ne voyait point d'armoire. « Mon « fils, dit enfin la reine, je ne vois point « l'armoire dont vous parlez. — Maman, « répondit le jeune prince en montrant « du doigt sa bouche, en voici la porte. » Les commissaires de la commune, surveillans des augustes prisonniers, entendant cette réponse, disaient entre eux : « qu'il y a d'esprit et de finesse dans « cette famille ! » Hommes durs ! hommes impitoyables ! c'était bien à l'esprit, à la finesse qu'il fallait vous arrêter ! Quoi ! la douceur, l'ingénuité, les grâces de cet ange n'amollissaient pas vos cœurs ! Où aviez-vous donc pris cette inconcevable insensibilité ?... Où ? dans les livres des philosophes du 18e. siècle (1).

---

(1) Je sais à merveille ce que répondent ceux de ces

Revenons au fils de Louis XVI. Quoiqu'il n'eût guère que sept ans lorsqu'il perdit les auteurs de ses jours, il sentait déja l'horreur de sa position ; l'adversité avait mûri son esprit. Parmi diverses preuves que je pourrais citer, je me bornerai à un seul trait. Le 11 décembre 1792, on vient annoncer à Louis XVI, avec toutes les formes de la brutalité, qu'il ait à s'apprêter à recevoir le maire. C'était l'heure à laquelle Louis donnait

---

philosophes qui ont vu ce régicide. Ils n'ont pas conseillé ces horreurs; ils n'y ont pas participé. Ils n'ont pas conseillé ces horreurs ! Quoi ! celui qui disait qu'il fallait couper toutes les têtes qui passaient les autres; qu'il fallait étrangler le dernier des prêtres avec les boyaux du dernier des rois, n'a pas conseillé ces horreurs ! Ils n'y ont pas participé ! Quoi ! celui qui parlait insolemment à son roi malheureux, qui faisait à la barre de la convention nationale, l'apologie des massacres de septembre, n'a pas participé à ces horreurs ! Eh, messieurs ! imitez le courage et la loyauté de Marmontel et de Laharpe : convenez solennellement que vous étiez dans l'erreur. Ce ne sera qu'à ce prix que l'histoire et la postérité vous **pardonneront** ; sinon toutes les générations vous maudiront. Est-il donc si terrible de suivre l'exemple donné par Fénélon ?

une leçon de géographie à son fils. Le maire n'arrivait pas ; il se fit en effet attendre deux heures (1). Louis, dans l'ennui de cette attente et pour faire diversion au lugubre appareil qui se déployait autour de lui, propose à son fils, au lieu d'une leçon de géographie, une partie au jeu de siam. L'on joue ; l'enfant échoue constamment au nombre seize. Il perd enfin patience, et par un retour peut-être involontaire sur l'horrible position où il voit son auguste et malheureux père, il s'écrie : « Ah ! mon papa, « que ce nombre seize est donc malheureux ! »

Ce fut au reste là la seule circonstance où il arriva au jeune prince de réveiller dans le cœur de son infortuné père un sentiment douloureux. Depuis qu'il était

---

(1) Depuis le retour du roi dans ses états, ce maire a publié un petit écrit dans lequel il dit que tout ce qu'il a fait a été pour le mieux. Il est à croire que la postérité lui tiendrait plus de compte d'un repentir que de cette tardive apologie.

au Temple, sa conduite et sa conversation, au rapport de Cléry, avaient pris une réserve qu'on aurait cru au-dessus de son âge : tant il est vrai que le malheur, à qui sait en profiter, est une école de sagesse. «Jamais, dit Cléry, je ne
« l'ai entendu parler ni des Tuileries,
« ni de Versailles, ni d'aucun objet qui
« aurait pu rappeler à la reine ou au roi
« quelqu'affligeans souvenirs. »

Il savait également se contenir avec une merveilleuse discrétion lorsqu'il aurait pu, par un mot ou seulement par un geste, compromettre une personne qu'il savait conserver de l'attachement à sa famille. Parmi ces municipaux qui venaient à tour de rôle torturer les prisonniers, il y en avait un, comme je l'ai dit ailleurs, qui se distinguait honorablement de ses collègues par les preuves d'intérêt qu'il savait donner à toute l'auguste famille. Lorsque cet homme de bien arrivait, le dauphin contenait sa joie au fond du cœur, se glissait sans affectation auprès de la reine, lui annonçait tout bas l'honnête municipal, et ne faisait pas meilleur accueil à celui qu'il se félicitait de revoir.

Voici une autre preuve de sa discrétion. Un jour, parmi les municipaux qui se présentèrent, il y en eut un qu'il fixa attentivement. Le municipal étonné lui en demanda la raison — « C'est que je « vous reconnais, répondit le dauphin. « — Comment cela peut-il être, puisque « voilà la première fois que je viens ici? « — Je vous ai vu ailleurs. — Et où « donc? — Permettez que j'en fasse un « secret; je ne saurais le dire. » Se baissant alors vers la reine, il lui dit à l'oreille, de manière à n'être entendu de personne : « Je l'ai vu dans notre voyage de Va-« rennes. »

J'ai déja rapporté un trait qui prouve que, quoique bien jeune encore, il ne sentait que trop la différence qu'il y avait entre ce qu'il était actuellement et ce qu'il aurait dû être. Le nouveau trait que je vais rapporter ne laissera à ce sujet aucun doute. Louis XVI, comme je l'ai dit dans son éloge, voyait avant d'être transféré dans la grosse tour du Temple, les préparatifs qui se faisaient pour l'ensevelir; il voyait, pour ainsi dire, forger les fers qu'on lui destinait. Un jour il regardait avec son fils un maçon occupé à faire à la porte de la pièce qui précédait celle qui devait lui servir de prison, des trous larges et profonds; on creusait ces trous afin d'y enchâsser d'énormes verroux. L'ouvrier quitta un moment son travail pour prendre son déjeûner. Le dauphin saisit alors les outils et se mit en devoir d'en faire usage; mais il les maniait si gauchement que le roi lui retira des mains le marteau et le ciseau, et lui montra comment il fallait les manier et s'en servir. L'ouvrier qui voyait avec attendrissement l'application que le roi donnait à ce travail, lui dit : «Quand « vous sortirez de cette prison, vous pour- « rez dire que vous y avez travaillé vous- « même. —Eh, mon Dieu! s'écria dou-

« loureusement le roi, en levant les yeux « au ciel, quand et comment en sorti-« rai-je ? » L'auguste enfant qui contemplait et écoutait avidement son trop infortuné père, sentit en entendant l'exclamation qui lui échappait, tout le poids du malheur dont l'auteur de ses jours était menacé ; sa désolation fut au comble ; les sanglots étouffèrent sa voix ; des ruisseaux de larmes s'échappèrent de ses yeux. Louis XVI ne tint pas à ce déchirant spectacle ; il rentra brusquement dans sa chambre, et d'un air rêveur s'y promena longtems à grands pas, plus affligé du triste héritage qu'il allait laisser à cet aimable enfant, que de la terrible fin qui l'attendait lui-même.

Les témoignages, au reste, sur les espérances que donnait le jeune dauphin, dès son bas âge, sont unanimes. Amis et ennemis ; tous convenaient qu'il réunirait un jour, s'il vivait, toutes les qualités qui peuvent rendre un prince cher aux Français. L'affection même que lui por-

taient déja quelques personnes qui l'approchaient de plus près, allait jusqu'à l'enthousiasme. J'en ai rapporté ailleurs (1) un trait que je rappellerai ici. Demandant à quelqu'un qui avait été longtems auprès de la famille royale, quelle était de toutes les personnes de cette auguste famille, celle qu'il chérissait le plus, même du vivant de son chef; il me fut répondu avec vivacité : « le jeune prince; la nature
« a pétri son âme, son esprit, son carac-
« tère, ses traits, de tout ce qu'il y a
« de plus aimable, de plus intéressant. »

Ceux même qui n'étaient pas toujours justes envers ses augustes parens, s'accordaient à lui trouver toutes les perfections de son âge. De ce nombre était M. Bertrand de Molleville dont on a vu les préventions contre la reine. Il ne parlait jamais du dauphin qu'avec le plus tendre intérêt. Dans ses Mémoires secrets (2), il en raconte l'anecdote suivante.

---

(1) Éloge de Louis XVI, pag. 299.
(2) Tom. II, pag. 34 et 35.

« Tandis que la reine me parlait, le
« petit dauphin, beau comme un ange,
« s'amusait à chanter et à sauter dans
« l'appartement avec un petit sabre de
« bois et un bouclier qu'il tenait dans
« ses mains. On vint le chercher pour
« souper, et en deux bonds il fut à la
« porte. Comment, mon fils, lui dit la
« reine, vous sortez sans faire la révé-
« rence à M. Bertrand? — Oh! maman,
« dit ce charmant enfant, en continuant
« de sauter, M. Bertrand est de nos amis.
« Bon soir, M. Bertrand; et il s'élança
« hors de la chambre. — N'est-il pas
« gentil, me dit la reine quand il fut
« sorti? Il est bien heureux, ajouta-t-elle,
« d'être si jeune! il ne sent point nos
« chagrins, et sa gaîté nous fait du bien.
« — Trop affecté, dit M. Bertrand, pour
« pouvoir répondre, j'essuyais mes yeux
« en silence. »

Ce fut le 21 janvier 1793, époque dont les larmes des Français ne pourront malheureusement jamais effacer le souvenir, ce fut à cette fatale époque que Louis-Charles, dauphin de France, succéda à la couronne de son père. Quelle couronne ! Quel terrible héritage recueillit le fils de tant de rois ? des larmes, des douleurs. A Dieu ne plaise que je m'enfonce dans le lamentable récit de ces épouvantables douleurs ! Hélas ! je n'ose même m'en rappeler le souvenir. Je plains l'historien qui se chargera de la terrible fonction de les transmettre à la postérité. Qu'un autre la fasse reculer d'horreur : une telle tâche est au-dessus de mes forces. Tous les détails d'ailleurs auxquels je pourrais me livrer sur ce trop triste sujet, sont compris dans ce petit nombre de lignes tracées par l'auteur des notes mises au bas du poëme de la Pitié, de l'abbé Delille.

« Ce malheureux enfant avait le dos
« courbé comme accablé du fardeau de
« la vie. Il avait perdu presque toutes
« ses facultés morales. Le seul sentiment
« qui lui restât, était la reconnaissance,
« non pour le bien qu'on lui faisait, mais

« pour le mal qu'on ne lui faisait pas.
« Dès que le jour cessait, on lui ordon-
« nait de se coucher, parce qu'on ne
« voulait pas lui donner de lumière. Quel-
« que tems après, et lorsqu'il était plongé
« dans son premier sommeil, on le ré-
« veillait en lui criant d'une voix ef-
« froyable : Capet, dors-tu ? »

Si cependant ces lignes ne suffisaient pas pour peindre ce que le jeune roi Louis XVII eut à souffrir, une seule de ses tortures fera juger de toutes les autres. Je la rapporte parce qu'elle n'est pas connue, et qu'elle prouve qu'en effet le sentiment de la reconnaissance ne s'éteignit dans le cœur du royal enfant, qu'avec sa vie. Je tiens le trait de M. Naudin, chirurgien de l'Hôtel-Dieu. La femme Simon, dans ses maladies, lui donnait toute sa confiance. Se croyant en état de grossesse, elle le pria de se rendre au Temple. On ne s'y rendait qu'avec les plus grandes difficultés quand il s'agissait de la santé des victimes; on y volait quand il s'agissait de celle des geoliers. M. Naudin s'y transporta : il détrompa la femme Simon sur ce qu'elle croyait un signe de grossesse, lui prescrivit un régime et promit de revenir la voir le lendemain. Pendant qu'il lui parlait, le féroce Simon gourmandait à sa manière l'auguste prisonnier ; il voulait le contraindre à chanter des couplets obscènes, impies, régicides. L'enfant ne répondait que par ses larmes. Tout-à-coup le monstre l'enlève par les cheveux, en lui disant d'une voix infernale : « Malheureuse vipère ! il me « prend envie de t'écraser la tête contre « ce mur, car j'ai bien peur que tu « ne ressembles un jour à ton père. » M. Naudin indigné court à la victime, l'arrache des mains de son bourreau, et adresse avec force à celui-ci, tous les reproches que méritait sa sacrilège brutalité. M. Naudin s'étant retiré, l'enfant, quand il se trouva seul avec la femme Simon, dit à celle-ci : « Votre médecin est sûre- « ment un homme de bien ; sa généreuse

« compassion pour moi m'a vivement
« touché : on eût dit qu'il ressentait les
« mêmes douleurs que moi. Il reviendra
« demain ; je suis obligé de lui témoi-
« gner ma reconnaissance. — Vous ne
« le pouvez pas, répondit cette femme;
« vous n'avez rien. — Pardonnez-moi,
« répliqua l'enfant ; j'ai là les pêches que
« vous m'avez données pour mon goûter;
« je les garderai, et demain quand votre
« médecin viendra, je les lui offrirai :
« croyez-vous qu'il les accepte ? — Mais
« avec quoi goûterez-vous ? — Oh ! j'aime
« bien mieux faire plaisir à une personne
« qui m'a montré de l'intérêt, que de
« goûter. » Le lendemain, M. Naudin
arriva comme il l'avait promis. L'intéressant enfant court à ses pêches et les
présente à M. Naudin, en lui disant avec
une grâce qui ne peut se rendre : « Vous
« m'avez prouvé hier que vous vous in-
« téressiez à moi, je vous en remercie;
« je n'ai que ceci pour vous en témoi-
« gner ma reconnaissance ; vous me feriez

« bien plaisir de l'accepter ; et si vous le
« refusiez, vous me feriez beaucoup de
« mal. » M. Naudin qui ne s'attendait
point à cet épanchement de reconnaissance, en reçut une émotion qui lui brisa
le cœur. L'ingénuité de l'enfant, le caractère sacré qui brillait déja sur son front,
le lieu où se passait la scène, tout se traça
rapidement à son imagination ; il n'eut
garde de contrister cette belle âme : il
accepta le don ; mais les sanglots étouffèrent sa voix, il ne put qu'arroser de
ses larmes la main de cet ange.

Eh ! comment le fils de Louis XVI,
de Marie-Antoinette, comment l'enfant
adoptif d'Elisabeth n'aurait-il pas été un
ange ? Comment, élevé, formé par des
mains si belles, si pures, n'aurait-il pas
été digne de s'asseoir sur le trône de
Henri IV ? Hélas ! un forfait inouï dans
nos annales en avait fait descendre son
père. Quel forfait empêcha le fils d'y
monter !

Chaque jour dans son sein verse un poison rongeur.
Quelles mains ont hâté son atteinte funeste ?
Le monde apprend sa fin, le tombeau sait le reste (1).

Le misérable qui avait échangé le froc de capucin contre le bonnet des assassins (2), qui, du haut de la tribune, cria à ses complices : « C'est à un apothicaire « à délivrer la France du fils de Louis; » les régicides applaudissant au démon qui exhalait ainsi sa rage ; ces monstres autorisent malheureusement à se livrer aux conjectures les plus sinistres sur la catastrophe qui, le 8 juin 1795, termina la carrière et le long martyre de Louis XVII. Mais quelles mains, demande le poète, consommèrent ce second régicide ? C'est sur cette question que l'histoire interdit les soupçons. Ils tombèrent dans le tems et très-injustement sur le chirurgien Dessault qui avait donné des soins au royal enfant, et qui, enlevé par une mort su-

---

(1) Delille, poëme de la Pitié.
(2) Chabot.

bite, le précéda de cinq ou six jours au tombeau (1). Dessault, artiste distingué, avait la tête imprégnée d'idées républicaines, mais il était probe et incapable d'une mauvaise action.

---

(1) Je remarque, mais seulement comme une distraction de la part des médecins et chirurgiens qui firent l'ouverture du corps du jeune roi, qu'ils en terminèrent ainsi le procès-verbal : « et le présent procès-verbal a été fait et clos les « jour et an que dessus ; » et cependant l'année n'est indiquée ni en tête, ni dans le corps du procès-verbal.

PHILIPPINE-MARIE-HÉLÈNE-ÉLISABETH de France.

La perfection n'est pas de ce monde, elle ne se trouve que dans le ciel; mais si jamais il y eut sur cette terre une vierge qui, par sa modestie, sa candeur, sa bonté, son inaltérable et courageux attachement à tous ses devoirs, donna une idée de la pureté des anges, ce fut la princesse Elisabeth, sœur de Louis XVI, du roi actuel, de Monsieur, et de la princesse Clotilde de France, reine de Sardaigne. Quelle postérité que celle de ce dauphin et de cette dauphine qui dans la cour la plus fastueuse de l'Europe, qui sur les marches du trône brillèrent de l'éclat de toutes les vertus ! La princesse Elisabeth en fut le dernier enfant. Elle naquit à Versailles le 23 mai 1764, et n'avait guère que trois ans lorsque ses augustes parens allèrent recevoir dans le ciel le prix d'une vie sans tache. Ce fut sans doute une perte pour la jeune princesse ; mais Dieu qui la destinait à être dans un siècle bien corrompu un modèle de ce qu'il y a de plus parfait parmi les hommes, la dédommagea avantageusement de cette perte. Mme. de Marsan qui réunissait à une haute naissance des lumières peu communes, une piété solide et éclairée, un cœur excellent, une âme à-la-fois ferme et douce, fut une véritable mère pour la princesse. Les princesses filles de Louis XV secondèrent Mme. de Marsan. Entre des mains aussi nobles, aussi pures, aussi habiles, le dernier rejeton du dauphin ne pouvait prendre qu'une direction heureuse. Et c'est ici qu'en dépit de certains systêmes qui seraient dangereux s'ils n'étaient absurdes, il faut reconnaître le pouvoir de l'éducation et la force de la religion. Elisabeth était née violente, entêtée, hautaine ; elle manifestait en outre une antipathie bien prononcée pour les remontrances et l'étude des devoirs propres à son sexe et à son rang. Il en fut d'elle comme de l'élève de Fénélon. Le zèle industrieux de sa vertueuse institutrice fit disparaître ces fâcheuses dispositions, et parvint à ne laisser à leur place que l'ensemble de ces vertus aimables et solides qui gagnèrent à Elisabeth le cœur et la vénération de tous ceux à qui il était donné de l'approcher, de l'entendre. Ce fut là le véritable ouvrage de Mme. de Marsan, de ses soins affectueux, de son infatigable patience, de son attention à ne nourrir l'âme de l'auguste enfant que de la douce et salutaire morale des livres saints, et aussi de la précaution qu'elle prenait de ne mettre sous ses yeux que des exemples propres à lui faire aimer les leçons qu'on lui donnait. Parmi ces exemples, celui que la jeune Elisabeth recevait de la princesse Clotilde sa sœur, fit sur elle l'impression qu'il était naturel d'en attendre. Pouvait-elle étudier un plus beau modèle? Clotilde à la cour de France, comblait les espérances de ceux qui avaient pris soin de ses premières années ; elle ajoutait au bonheur de sa famille. Sur le trône, ses vertus parurent avec un nouvel éclat et avec ce charme qui ne peut se définir, dont on peut dire seulement qu'il inspire le desir d'imiter ce qu'on admire. L'église dont elle fut un si bel ornement pendant sa vie, lui adressera bientôt, s'il faut en croire le vœu du Saint-Père, un culte de vénération.

On peut donc dire qu'Elisabeth, au sortir de ses plus tendres années, parut à nos yeux non telle qu'elle était sortie des mains de la nature, mais avec les perfections qu'elle tenait du triple pouvoir de l'éducation, de la religion, de l'exemple; ce qu'elle fut une fois, elle le fut toujours. Des personnes attachées à son service m'ont assuré que dans aucune des circonstances où elle se trouva, on ne put lui surprendre un mouvement d'impatience, d'humeur, d'aigreur, de hauteur. Simple, modeste, douce, ses manières n'allaient cependant jamais jusqu'à une certaine familiarité; et lorsqu'il fallait représenter, lorsqu'il fallait se montrer en fille de France, elle le faisait avec une véritable dignité; car son opinion était que les personnes que le peuple doit respecter, doivent de leur côté ne rien négliger de ce qui peut exciter et nourrir ce respect. Dans aucun tems elle ne perdit cette attitude noble si convenable à la sœur d'un roi. Elle ne la perdit même pas au sein des horribles humiliations dont l'environna son héroïque dévouement pour le monarque son frère. Les misérables chargés de la torturer purent la faire souffrir, mais non l'humilier. Calme devant eux comme dans le palais de ses aïeux, elle les étonnait par sa constance à ne laisser échapper ni plaintes, ni murmures, ni reproches: encore moins s'abaissait-elle auprès de ces vils satellites du crime, à descendre à des prières dans l'espoir d'obtenir des adoucissemens à l'inouïe rigueur de sa position. Elle savait endurer les plus dures privations, mais non humilier la majesté des rois imprimée sur son front. Et lorsque par le renversement de tout ordre, de tout principe, de toute décence, traînée au pied d'un tribunal monstrueux, elle fut interrogée par celui qui le présidait, sur ses noms et qualités, elle répondit avec une fierté qui parut déconcerter ce prétendu juge : *Élisabeth de France.*

Dès l'âge de quatorze ans, cette princesse devint maîtresse de ses actions, parce que ce fut à cette époque qu'elle eut sa maison particulière ; et ce fut aussi à cette époque qu'elle montra une sagesse qui lui conquit à jamais la confiance de son auguste frère. Elle voulut que toutes les personnes qui jusque-là avaient été attachées à son service, et sur-tout que celles à qui elle devait son excellente éducation restassent avec elle. Elle disait à ces dernières, et le disait du fond du cœur : Je « veux que vous me trouviez toujours « digne de votre approbation et de votre « sourire. »

Mais parmi les serviteurs attachés aux grands, il en est toujours quelques-uns que la seule intrigue y place. Ainsi Champfort se trouva en qualité de bibliothécaire au nombre des personnes qui composaient la maison de la princesse. Champfort était homme d'esprit, mais de peu de jugement, ardent pour les théories nouvelles, abandonnant sans cesse les sentiers de la raison pour se jeter avec fureur dans ceux où marchaient des enthousiastes. Son plus grand tort fut d'être ingrat envers ses augustes bienfaiteurs qui lui avaient accordé tout ce que pouvait obtenir un homme sans nom et sans naissance. Il finit par avoir honte de son ingratitude, et s'en punit lui-même bien cruellement. On pense bien qu'un tel homme était peu capable de connaître le prix de la confiance dont on l'honorait : aussi y répondit-il fort mal. « Savez-vous bien, dit un jour quelqu'un « à la princesse Elisabeth, que votre bi- « bliothèque se remplit de romans, et de « ces livres modernes qu'on appelle phi-

« losophiques ? — N'en disons rien, ré-
« pondit l'indulgente princesse, il ne faut
« pas nuire à M. de Champfort ; laissons-le
« faire, et ne lisons que ce que nous de-
« vons lire. »

Elisabeth était loin de se laisser prendre au piége tendu à la faiblesse de son âge. Jamais elle ne toucha un roman, et elle avait une égale horreur pour les rêveries philosophiques. Elle lisait beaucoup, mais des livres où elle trouvait les vérités consolantes de la religion, le langage de la saine raison, les principes du bon goût ; elle avait fait une étude particulière de notre littérature ; elle y joignit l'étude de la géographie, de l'histoire, du dessin, et même de la peinture dans laquelle elle réussit au point d'étonner même ses maîtres. Elle ne négligea pas non plus les ouvrages propres à son sexe, les ouvrages à l'aiguille, et finit par s'y rendre fort habile ; elle s'y livra avec plus d'application encore, lorsqu'elle vit sa famille menacée de malheurs dont on ne pouvait dire d'abord s'ils ne réduiraient pas les augustes membres qui la composaient, aux dernières extrémités.

Ainsi la princesse Elisabeth, dans un rang où les distractions sont si fréquentes, où tant d'objets de frivolité sont sans cesse sous les yeux, savait, par un sage emploi de son tems, ne se livrer qu'à des occupations louables et utiles. Mais il était aisé de s'apercevoir que ses momens les plus doux étaient ceux qu'elle passait au pied des autels, ou au pied de l'oratoire qu'elle avait fait pratiquer dans l'intérieur de ses appartemens. Lorsqu'elle assistait à nos saints mystères, elle offrait un spectacle ravissant; et il faut en avoir été témoin pour se faire une idée de l'effet qu'il produisait sur les spectateurs. Elisabeth, dans un recueillement religieux, ne voyait plus rien, n'entendait plus rien; son corps seul restait à la terre; son âme était avec les bienheureux; un calme céleste était répandu sur son visage : on se trouvait tenté de l'invoquer; on sortait pénétré d'une sainte vénération pour elle, et d'une tendre reconnaissance pour la religion qui d'une créature humaine, faisait une créature si parfaite.

Dans le partage qu'elle avait fait de son tems, elle s'était ménagé des momens de récréation, et ces momens elle les passait soit à Saint-Cyr, soit à Saint-Denis auprès de la princesse Louise, sa tante. A Saint-Denis, elle ne devenait pas meilleure : elle ne pouvait pas augmenter en perfection ; mais à Saint-Denis elle se confirmait de plus en plus dans la persuasion où elle était, que la morale de l'évangile a bien plus de prise et de pouvoir sur l'âme, que les plus beaux préceptes de la philosophie. Un jour le roi son frère lui dit : « Je suis loin de trouver mauvais que vous « alliez souvent à Saint-Denis : comment « vous blâmer du plaisir que vous trouvez « à converser avec une sainte ? Cependant « ne vous y accoutumez pas trop, du « moins ne prenez pas trop de goût à « l'état austère qu'a embrassé notre tante,

« parce que j'ai besoin de vous, Elisabeth. »
Il avait donc un pressentiment, cet excellent roi, que sa sœur serait un jour son ange consolateur.

Il ne serait pas au reste sans vraisemblance, que la princesse eût conçu l'idée d'imiter l'héroïque exemple que la fille de Louis XV avait donné au monde. Mais si elle en eut en effet la pensée, elle y renonça absolument quand elle comprit qu'il devenait nécessaire qu'elle donnât au monde un autre exemple non moins héroïque, celui de partager l'infortune des personnes qui lui étaient le plus chères. Rien ne put la détourner de cette résolution. Lorsque les deux princesses ses tantes quittèrent la France, Louis XVI aurait voulu qu'elle les suivît ; il l'en pria, l'en conjura : il allait le lui ordonner ; mais la généreuse princesse lui répondit avec cette sainte hardiesse qu'inspire la vertu : « N'insistez pas, car sur cet
« article seulement, je suis bien déter-
« minée à vous désobéir. Le ciel m'appelle

« à rester auprès de vous : ne me faites
« pas manquer à ma vocation. »

On sait avec quelle religieuse fidélité elle la remplit cette sublime vocation. Dans toutes les circonstances orageuses, elle se tint prête à faire un rempart de son corps à son frère, à sa belle-sœur, à leurs enfans. Des assassins la prennent pour la reine et veulent l'immoler. Un de ses serviteurs les détrompe. « Pour-
« quoi les détrompez-vous, dit la prin-
« cesse? vous leur eussiez peut-être épar-
« gné un grand crime. » Ainsi elle comptait pour rien son propre sang, le sang pur et noble qui coulait dans ses veines, pourvu qu'elle sauvât les jours de la reine. Un misérable menace d'un fer régicide le sein du roi. L'ange Elisabeth se place entre son frère et le monstre, et dit à celui-ci, d'un ton qui le désarme : « Prenez
« garde, Monsieur, vous pourriez blesser
« quelqu'un avec votre arme, et sans
« doute vous en seriez fâché. » On entraîne Louis XVI dans sa dernière de-

meure ; on se presse autour d'Elisabeth ; des larmes coulent de tous les yeux ; on la supplie, on la conjure de ne point s'ensevelir dans une prison ; on lui représente que les maîtres du jour ne lui commandent point ce sacrifice. « Eh, mon
« Dieu ! s'écria-t-elle, à qui appartient-
« il mieux qu'à moi de consoler mon
« frère dans son infortune ? Moi, aban-
« donner mon frère malheureux ! Je ne
« conçois pas qu'on puisse me le pro-
« poser. »

Au Temple, le martyre d'Elisabeth fut un martyre de tous les jours, de tous les instans. Jamais le plus léger signe de découragement ; jamais le moindre retour sur ses propres afflictions, sur ses douleurs personnelles : la sérénité était constamment sur son front. Toute entière aux devoirs sacrés qu'elle s'était imposés envers son auguste et trop malheureuse famille, elle faisait descendre dans des cœurs abreuvés des plus cruelles injustices, les promesses, les espérances de la religion ; elle avait du moins la satisfaction de voir que le ciel bénissait ses efforts. Le tems même consacré au sommeil ne ralentissait pas son zèle. Quand les augustes victimes qu'elle consolait pendant le jour reposaient autour d'elle, elle se levait, se prosternait à deux genoux, et puisait dans ses entretiens avec Dieu, de nouvelles forces, un nouveau courage. Arrachée successivement à un frère qu'elle aimait plus qu'elle-même, à une belle-sœur qu'elle chérissait tendrement, à un neveu dont l'innocence, les grâces embellissaient le séjour le plus horrible, elle supporta ces terribles coups avec cette résignation héroïque dont on ne trouve des exemples que dans les annales de notre religion, de cette religion qui nous crie : *Soyez parfaits comme Dieu est parfait :* mot sublime qui seul prouve que la doctrine à laquelle il appartient est une doctrine divine.

Enfin restée seule avec la princesse sa nièce, Elisabeth, dans cet isolement, dans l'obscurité de son tombeau, sembla encore s'oublier elle-même pour ne s'occuper que du précieux dépôt que la Providence lui confiait. C'était l'enfant de Louis XVI, de Marie-Antoinette, la sœur de son roi, que le ciel livrait entre ses mains. Et en quelles mains plus dignes de le posséder ce riche trésor, ce trésor que les anges eux-mêmes se seraient disputé, pouvait-il être déposé?..... Ici les expressions manquent : comment peindre la courageuse, la tendre sollicitude de l'institutrice, la merveilleuse, l'aimable docilité de l'élève? Nous en jouissons aujourd'hui de ce dernier ouvrage, de ce chef-d'œuvre d'Elisabeth. Madame, duchesse d'Angoulême, parle à tous les yeux, à tous les cœurs, de la reconnaissance que nous devons à la princesse dont elle fut la fille adoptive. Ainsi Elisabeth, dans les derniers jours de sa vie, travaillait encore pour nous; et s'il lui fut donné de lire dans les décrets de la Providence, elle y lut que la princesse qui avait reçu ses dernières leçons, serait un jour la gloire et le bonheur de la France. Quand elle eut la certitude que la fille de tant de rois serait digne de ses aïeux, il ne lui resta plus qu'à consommer son sacrifice, qu'à s'aller réunir à Saint Louis, à Louis XVI..... Ne pleurons pas sur elle : Dieu met un terme à l'injustice des hommes ; mais l'immense bonheur dont jouit aujourd'hui Elisabeth n'aura point de terme. Suspendons même nos regrets ; ne nous livrons pas trop à la douleur que nous cause sa perte. Elisabeth habite encore cette terre ; elle vit encore parmi nous, puisque la fille adoptive de son cœur est sa vive et parfaite image.

Elisabeth eut toutes les vertus de son sexe ; ce fut une princesse accomplie. Modeste au milieu des grandeurs, patiente et courageuse dans l'adversité, douce, indulgente, sacrifiant tout ce dont elle pouvait disposer, même ses diamans, au soulagement des indigens, elle sera à jamais proposée comme un modèle des perfections dont la piété seule peut embellir une créature humaine. Mais ce qu'on ne sait peut-être pas assez, c'est qu'Elisabeth réunissait à un esprit naturel, à un esprit cultivé, à des connaissances étendues, un excellent jugement, une grande fermeté de caractère. Personne peut-être en Europe, si on en excepte M. Burke, ne jugea mieux qu'elle la révolution française dès ses premiers orages. Si son pouvoir eût égalé son énergie, ou si ses conseils eussent été suivis, sa famille et la France eussent été sauvées. Plus d'une fois elle voulut monter à cheval, et réunir autour du trône les fidèles sujets du roi. Elle en fut toujours empêchée. Lorsqu'au fond de sa prison elle apprit la sacrilège injustice qui allait se consommer, elle demanda qu'il lui fût permis de parcourir les diverses sections, les divers quartiers de Paris, pour plaider elle-même, devant le peuple, la cause du roi. Hélas ! elle parlait à des hommes dont le cœur était fermé à toute pitié comme à toute justice.

Les plus beaux jours de cette princesse, et ces jours durèrent bien peu, furent ceux qu'elle passa dans sa maison de Montreuil, qu'elle tenait de la libéralité du roi son frère. Pendant le peu de tems qu'elle l'habita, ce petit coin de la terre devint le séjour de l'innocence, du calme, de la félicité, le sanctuaire de toutes les vertus. Le souvenir de tout le bien qu'Elisabeth y a fait, et par ses largesses, et par son exemple, et par la sagesse de sa conversation, ne s'effacera jamais de la mémoire de ceux qui avaient alors le bonheur de l'approcher, et qui lui ont survécu. Les pères, les mères le répéteront avec reconnaissance aux enfans ; tous les Français se réuniront dans un culte de vénération envers l'ange Elisabeth, envers la princesse qui a si bien soutenu l'honneur du beau nom qu'elle portait.

LOUIS XVIII.

Louis-Stanislas-Xavier, né à Versailles le 17 novembre 1755, d'abord comte de Provence, ensuite Monsieur, frère du roi, et depuis la mort de Louis XVII, arrivée en juin 1795, roi de France et de Navarre, possède aujourd'hui paisiblement le trône de ses aïeux. Appelé sur ce trône par sa naissance, par l'amour de ses sujets qui l'ont surnommé *le Desiré*, par le vœu de l'Europe entière, par le ciel même, il eût conquis la couronne par ses seules vertus, si la couronne eût été élective. Digne fils du prince le plus accompli de son tems, de ce dauphin qui réunissait à tous les dons du génie, à tous les talens de l'esprit, une âme céleste, qui par sa mort fit verser des larmes à nos ennemis même, Louis XVIII le rappelle, le retrace tout entier. C'est la même application au travail, le même ordre dans les occupations, la même justesse de jugement, la même rectitude dans les idées, le même fond de connaissances acquises, la même indulgence pour les erreurs, la même soif du bonheur des Français; et l'adversité qui abat tant d'autres courages, une adversité sans exemple et par son amertume et par sa durée, a mis le sceau de la perfection à toutes ses qualités, en leur donnant cette solidité, en y ajoutant ces lumières qui ne se trouvent que dans les leçons du malheur.

Dès sa première jeunesse il donna à deviner ce qu'il serait un jour. Voici ce qu'en pensait le P. Berthier (1), adjoint

---

(1) Le P. Berthier, jésuite, était considéré dans toute l'Europe pour ses lumières et son érudition, et généralement respecté pour sa vertu. Voltaire l'outragea soixante ans sans en avoir reçu aucune offense, et le P. Berthier ne lui répondit jamais. Je prononçai l'éloge de ce pieux et savant religieux à Bourges, sa patrie, à l'ouverture du cours de littérature française. Cet éloge prononcé avant le retour de la famille royale, contient des détails intéres-

à son éducation ainsi qu'à celle de ses augustes frères. Comme on lui demandait un jour ce qu'il augurait des instructions données à ses élèves, il répondit quand il en fut à celui que la Providence destinait à régner après son frère : « Je n'ai « jamais connu enfant de l'âge du jeune « comte de Provence, qui donnât de plus « grandes espérances ; et bien des raisons

---

sans sur l'éducation qu'ont reçue le roi actuellement régnant et son auguste frère, ainsi que sur la part que le grand prince et la vertueuse princesse à qui ils doivent le jour, prenaient à cette éducation ; les travaux auxquels se livra le P. Berthier pour répondre aux nobles et sages vues qui lui étaient manifestées, méritent véritablement d'être connus ; et après avoir lu ce qui en est dit dans son éloge, on reste convaincu que Louis XVIII et *Monsieur*, son frère, ont été élevés par les personnages les plus éclairés et les plus vertueux qui fussent alors en Europe ; et on voit aujourd'hui de quel heureux succès leurs soins ont été couronnés. Il y a aussi dans le discours dont je parle, des traits admirables sur la piété, les travaux littéraires et les vastes connaissances du P. Berthier ; de sorte que ceux qui l'entendirent prononcer, pensèrent qu'autant pour l'honneur des lettres que pour la gloire de la religion, il devait être imprimé. Cédant à leurs instances, je l'ai confié à un libraire, et je pense qu'il ne tardera pas à le donner au public.

« me portent à penser que si Dieu, ce
« qui n'est pas à croire, l'appelait à la
« première place, il les réaliserait toutes.
« Je n'ai jamais connu un enfant de son
« âge qui eût un jugement plus sûr, un
« sens plus droit, un esprit plus solide,
« ni qui fît des réflexions plus sages sur
« ce qu'il lit. C'est une tête moulée pour
« les grandes affaires. Il joint à cela une
« mémoire non-seulement prodigieuse,
« mais encore telle que tout s'y classe
« avec un ordre qui fait qu'il n'oublie
« rien de ce qu'il veut retenir. »

Parmi les personnes qui ont entendu le P. Berthier prononcer ce jugement prophétique, il en est qui vivent encore; mais il serait bien inutile d'invoquer leur témoignage. Nous sommes tous témoins de la fidélité avec laquelle la prophétie s'accomplit; et c'est tout ce qui nous importe. Il n'y a pas un Français aujourd'hui qui ne soit étonné, ravi de la facilité, de la grâce avec laquelle le roi improvise; du sens exquis, de la finesse, du charme qu'il met dans tout ce qu'il adresse aux personnes qui ont l'honneur de l'approcher. Ce qu'il dit est toujours ce qu'il fallait dire, ce que nul autre n'eût aussi bien dit. C'est une manière ingénieuse et aimable de s'exprimer qui produit toujours son effet; car elle va toujours au cœur pour le livrer tout entier et à jamais à l'amour et à la reconnaissance. Le roi fait à un maire, cette question : « Avez-vous reçu la lettre que « je vous ai écrite? » Le maire met la main sur le cœur, et dit : « Sire, elle « est là. » Le roi fait le même geste, et dit à son tour : « Et c'est de là aussi qu'elle « est partie. » Comment ne pas tomber aux genoux d'un monarque qui accueille un de ses sujets avec cette bonté, qui lui adresse des paroles qui valent mieux que toutes les récompenses, que tout l'or du monde (1).

---

(1) Je dois dire qu'il y a plusieurs traits de cette beauté dans la vie du dauphin, père de Louis XVIII. Le P. Ber-

Des souverains ont été clémens; les uns ont signé avec douleur des arrêts de mort, d'autres ont délivré avec joie des lettres de grâce ; mais où avez-vous lu un acte de clémence pareil à celui-ci ? Un curé de Paris qui connaissait bien le cœur de son roi, s'enhardit à lui demander la grâce d'un de ses paroissiens condamné pour la vie à une peine infamante. Le roi..... Ecoute postérité, admire, et que ta vénération pour cet excellent roi égale l'amour que nous lui portons....! Le roi fait expédier la lettre de grâce, la signe, quitte son palais, la porte et la remet lui-même au curé qui

---

thier en racontait, qui faisaient couler des larmes d'attendrissement. J'en ai recueilli quelques-uns dans l'Éloge de ce modeste et savant religieux, membre d'une société dont on ose dire aujourd'hui qu'*elle eût produit dix Voltaire plutôt qu'un seul Racine* *, comme si elle n'avait pas produit aussi les Bossuet, les Fénelon, les Bourdaloue; dans une autre carrière, les Condé, les Fabert, les Catinat. Eh! ne serait-il pas tems d'être un peu moins philosophe, et un peu plus juste ?

* *Voy.* le Journal des débats du 15 septembre 1814.

l'avait sollicitée. La foule, témoin de cet acte de clémence, fait retentir l'air du cri mille fois répété *vive le roi!* — *Eh! mon Dieu, mes enfans*, s'écrie à son tour le roi, *criez donc aussi vive ce bon pasteur.* N'est-ce pas là centupler les bienfaits?

On a retenu de Henri IV, de Louis XIV, des mots dignes de l'âme royale de ces grands monarques. De Louis XVIII tout est à retenir. Français, rappelez-vous un moment, pour n'y plus penser, celui qui avait osé s'asseoir sur le trône de Saint Louis, celui qui ne savait que brusquer, que brutaliser, qu'outrager ceux qui l'abordaient (1), et dites de quel côté est la supériorité.

Et ce qui n'est ignoré d'aucune des personnes éclairées des différentes cours de l'Europe, c'est que ce n'est pas seule-

---

(1) Les journaux cependant lui firent dire de fort belles choses à Duroc mourant; mais la vérité est que Duroc, après l'amputation de sa jambe, la jeta au Corse, en lui criant: *Monstre, voilà ce qu'on gagne à te servir!*

ment en parlant sa langue maternelle, que Louis XVIII déploie cet art qui semble n'appartenir qu'à lui, de s'exprimer toujours avec grâce, avec finesse, avec urbanité. Il fait également admirer la facilité, les richesses, les ressources de son esprit lorsqu'il parle une autre langue que la sienne ; et il n'est presqu'aucune langue vivante qui ne lui soit familière. C'est ce qu'attestent les étrangers qui ont eu le bonheur de le posséder. Ils lui rendent de plus le glorieux témoignage que nul homme en Europe ne possède à un plus haut degré cette politesse exquise qui distinguait si éminemment Louis XIV et sa cour; que nul ne réunit plus de connaissances acquises, n'a plus sondé les profondeurs de la politique, n'est plus éclairé sur les différens genres de la littérature, n'a des notions plus saines sur les philosophes anciens et modernes.

On voit que ce n'est point ici un panégyrique en l'honneur de Louis XVIII. Je rapporte ce que je vois, je répète ce que j'entends : et si l'on pouvait soupçonner qu'un autre sentiment que le pur amour de la vérité, me dicte ce que j'écris ici, je rappellerais ce que je disais de Louis XVIII, au mois de février 1793, époque où c'était l'intérêt de tant de gens de calomnier, de tant d'autres de se taire, et où ce ne pouvait être celui de personne de flatter. Je disais donc, après avoir parlé avec admiration du roi qui venait de périr (1) :

« Si je sondais le cœur de tous les autres
« membres de cette royale et infortunée
« famille, j'y découvrirais le même fonds
« de bonté, la même passion pour le
« bonheur de nous tous (2). Ceux qui
« s'efforcent de peindre les deux frères
« de Louis XVI sous d'autres couleurs,
« ne croient pas eux-mêmes au portrait
« qu'ils en tracent. L'adversité qui pour-

---

(1) Éloge de Louis XVI, Fastes des Bourbons, pag. *ij* et *iij*.

(2) Français, me trompais-je alors, ou en dis-je trop aujourd'hui ?

« suit ces deux princes, en fixant sur eux
« les regards de l'Europe entière, a mis
« dans un plus grand jour toute la beauté
« de leur caractère. Généreux, magni-
« fiques, compatissans dans la prospérité,
« ils ne souffrent aujourd'hui, au sein
« de leurs privations personnelles, que
« du malheur de leur pays, que de l'in-
« fortune de chacun de nous : voilà le
« seul sentiment qu'ils font éclater dans
« toutes leurs relations, soit avec les
« étrangers, soit avec ceux des Français
« qui les ont suivis. Dignes enfans de
« Henri IV, ils ne savent, ils ne peuvent
« qu'aimer, que plaindre, que pardon-
« ner. Comme ce prince, si la patrie
« leur rouvrait son sein, ils ne voudraient
« y voir qu'une seule famille, que des
« amis, que des frères; les torts, les
« outrages, les crimes, tout serait ou-
« blié; la clémence ne laisserait rien à
« faire à la justice. »

Voilà ce que je disais en 1793, et tout
ce que nous voyons aujourd'hui prouve

avec quelle fidélité je peignais les sentimens du roi. Il n'était pas difficile dès ce tems-là de les reconnaître, à quiconque ne voulait écouter que la vérité. Tout le monde savait que jusqu'au moment de quitter la France, Monsieur, placé si près du trône, avait par toute sa conduite, donné l'exemple de la fidélité au roi. On n'en doutait pas ; mais il y eut une circonstance où l'on crut qu'on parviendrait à jeter parmi le peuple des nuages sur cette fidélité, premier devoir de tout sujet dans quelque rang qu'il soit placé. Lorsque les princesses, tantes du roi, quittèrent le royaume, on fit circuler parmi le peuple que Monsieur allait séparer ses intérêts de ceux de son auguste frère, et le jeune Barnave fut choisi pour donner une sorte de solennité à ce mensonge. Il monta à la tribune de l'assemblée qui se disait constituante, et annonça que Monsieur se proposait d'abandonner le roi, et de se retirer sur une terre étrangère. Des députés furent envoyés au prince.

Quelle fut sa réponse : *Je ne me séparerai jamais du roi*. Ce fut pour ne point s'en séparer, que dans la nuit du 20 au 21 juin 1791, Monsieur voulut partager le sort du monarque fugitif; mais la prudence ayant voulu que les deux augustes frères prissent une route différente, Louis XVI, toujours malheureux, échoua, et le retour de Monsieur devint impraticable.

Tout le monde savait encore qu'avant cette fatale nuit, que dans le palais de ses aïeux, Monsieur, livré aux occupations les plus nobles, à l'étude des belles-lettres, à celle de la philosophie, avait clairement donné à connaître, lorsqu'il lui était arrivé de prendre part aux affaires publiques, que son cœur, comme celui du roi son frère, était tout au peuple.

Hors de France, dans ses relations soit avec les étrangers, soit avec ceux des Français qu'il pouvait instruire de ses intentions, Louis XVIII a fait éclater cette générosité, cette clémence dont nous admirons maintenant les prodiges. Dans une lettre adressée à la noblesse française, au mois d'août 1792, je lis ces mots dignes d'être sortis de la bouche de Henri IV ou de celle de Louis XVI : « *Mon in-« térêt est de pardonner aux erreurs « de mes compatriotes.* » Dans la proclamation que le roi adressa aux Français à son avènement au trône, c'est-à-dire peu après la mort de Louis XVII, je lis que le nouveau roi accorde un pardon général à ceux des Français qui se soumettront à son autorité. De toutes les proclamations, en un mot, publiées par le roi hors de France, il n'en est pas une où il ne s'annonce plutôt comme le père que comme le souverain de ses sujets. Ces diverses proclamations passeront à la postérité et seront un monument honorable à la mémoire de Louis XVIII. Je les ai recueillies avec une religieuse sollicitude, et j'ai contribué autant qu'il était en moi à les répandre. Leur ensemble présente mieux peut-être que tout ce qui est venu à notre connaissance des vertus du roi, le cœur magnanime dont elles sont l'expression.

Sur une terre étrangère, le roi a toujours semblé oublier sa propre infortune pour ne s'occuper que de celle des Français. Il apprend les outrages qu'on se permet contre la personne sacrée du saint pontife Pie VI : il craint que le Saint Père ne conçoive une idée peu avantageuse de la France. « Elle est, lui dit « le roi, elle restera toujours le royaume « très-chrétien...... Les seuls coupables « sont ceux qui égarent, qui oppriment « mon peuple. »

Je ne puis ici m'empêcher de transcrire ce que Sa Majesté adressait à ses ambassadeurs lors du mariage de son auguste neveu avec la princesse fille de Louis XVI (1). A l'occasion de cet heureux évènement, le roi tourne de nou-

---

(1) La lettre de S. M. est datée de Mittau, le 11 novembre 1798.

veau ses regards vers la France, et voici en quels termes il exprime son affection pour son peuple.

« L'heureuse tournure qu'a prise cette
« affaire me comble de joie; mais quelque
« bonheur personnel qu'elle me pro-
« mette, c'est bien moins encore pour
« moi que j'en jouis que pour mes fidèles
« sujets. Ils verront avec attendrissement
« l'unique rejeton du roi-martyr que nous
« pleurons, fixé à jamais auprès du trône.
« Et moi, lorsque la mort sera venue
« m'empêcher de travailler à leur bon-
« heur, je leur aurai du moins donné
« une mère qui ne pourra jamais oublier
« ses propres infortunes qu'en rendant ses
« enfans heureux, et à laquelle la Pro-
« vidence a accordé toutes les vertus et
« les qualités nécessaires pour y réussir....
« Faites connaître, Monsieur, cette heu-
« reuse nouvelle en France.... »

Qu'y avait-il à attendre d'un tel prince, lorsqu'il reparaîtrait parmi nous avec l'autorité des rois ses prédécesseurs? La même conduite qu'avait tenue Henri IV dans des conjonctures difficiles où il semblait que la seule justice devait être écoutée. Ils connaissaient donc bien peu leur roi, ceux qui parlaient de torts impardonnables, ceux qui cherchaient à désespérer des cœurs trop prompts à s'ouvrir à la crainte ; qu'est-il arrivé en effet ? Bon, généreux, clément dans la bonne comme dans la mauvaise fortune, le roi, en reparaissant parmi nous, s'est montré tel qu'il était lorsque nous étions privés de son auguste présence. Les torts, tout a été pardonné, oublié. Le roi, comme je le disais en 1793, n'a plus considéré la France entière que comme une famille dont il était le père. Et nous à qui le ciel accorda la faveur de lui rester toujours fidèles, jouissons de cette ravissante harmonie si longtems desirée; ne la troublons pas ; voyons sans jalousie la préférence même qui serait accordée à ceux qui n'ayant pas toujous été fidèles, lui seraient ramenés par ses vertus. Pourrions-nous nous plaindre que le roi, dans l'exercice de sa clémence, se conformât au modèle aimable tracé par Dieu même?

Jusqu'où le roi n'a-t-il pas porté sa sollicitude paternelle? Louis XVI avait voulu que les prisons fussent simplement des lieux de détention; il avait ordonné de combler les cachots. Louis XVIII va plus loin encore : il change en écoles de bonnes mœurs les écoles de corruption. Une jeunesse que des hommes vieillis dans le crime infectent du poison de tous les vices, sera séparée de cette société impure pour ne plus entendre, pour ne plus voir que ce qui pourra lui rendre le goût de la vertu, l'amour du travail. Idée heureuse dont l'exécution sera sans doute imitée ailleurs. Ainsi, comme la chaleur féconde du soleil, la bienfaisance de Louis pénétrera partout et fera germer des fruits jusque dans les asiles du malheur.

Eh! comment aurait-on pu douter de la clémence du roi après ce qui s'était passé à Dillingen, petite ville sur le Danube ? Le roi était à sa fenêtre ; un coup de fusil tiré d'une maison en face de la croisée de Sa Majesté, est dirigé sur sa personne ; la balle effleure le front ; le roi est blessé ; le sang coule, et déja tout est pardonné. Le roi ordonne qu'on garde le silence sur cet attentat ; il défend qu'on inquiète, qu'on recherche les assassins ; et c'est aux ordres qu'il donne que les auteurs de cet épouvantable forfait doivent de n'être point livrés à l'exécration publique. Ouvrez les annales des princes qui se sont le plus distingués par leur clémence ; interrogez tous ces princes et trouvez-en un, si vous le pouvez, dont la magnanimité se soit élevée jusqu'à cet héroïsme : trait d'autant plus admirable que les jours du roi étaient alors menacés par une légion de misérables ivres de licence, d'impiété, de fureur ; et l'on connaissait bien l'école où ils étaient formés au régicide.

Il me semble donc bien démontré que si la bonté paraît être la qualité caractéristique des Bourbons, aucun d'eux ne l'a possédée à un plus haut degré que le roi qui nous a été donné par la Providence. Mais les rois sont placés à une telle élévation, que la bonté n'est pour eux qu'une vertu qui sert à faire briller les autres vertus : toute seule elle en affaiblirait l'éclat. Eh! qui mieux que Louis XVIII sait allier à cette aimable qualité, le courage, la force, la grandeur d'âme? Au sein de la plus affligeante adversité, dans un abandon presque universel, avec quelle dignité n'a-t-il pas soutenu l'honneur du nom de Bourbon, l'honneur du nom français? L'histoire révélera les moyens qui ont été mis en jeu à divers tems, pour le faire condescendre à des propositions en apparence avantageuses, séduisantes même, mais où il croyait voir un affaiblissement des droits sacrés qu'il tenait de sa naissance. L'histoire, en révélant le mystère de ces négociations, dira aussi avec quelle imposante fermeté, avec quelle majestueuse indignation Louis XVIII, loin de son trône, a rejeté tout arrangement qui aurait pu faire perdre un seul fleuron à la belle couronne dont il était dépositaire.

Il suffirait de se rappeler ce qui se passa à Venise, lors du séjour qu'y fit Louis XVIII, pour être convaincu que dans les occasions solennelles, il sait agir et parler en grand roi. Cette ville oubliant son antique fierté, son glorieux surnom d'*invincible*, méconnaissant ses forces, se trouble des menaces que lui font les ennemis de Louis XVIII ; elle craint de subir le sort que sa condescendance ne fera que hâter ; elle a l'honneur d'être l'asile d'un monarque malheureux, mais qui ne le sera pas toujours, parce que Dieu le protège, et elle invite, elle engage, elle presse ce monarque à quitter les terres de la république. Que répond Louis ? « Je me dispose à partir, « mais avant il faut qu'on raye du livre « d'or six noms de ma famille, et qu'on me

« rende l'armure dont mon aïeul Henri IV
« a fait présent à la république de Ve-
« nise. » Supposez Louis XIV dans une circonstance semblable à celle où se trouvait alors son digne descendant, dites si Louis-le-Grand eût fait une réponse plus noble, une réponse qui exprimât mieux que l'adversité, que rien n'abattait le courage de ceux de sa race.

Enfin, Français, car je n'entends point ici écrire une histoire, n'oubliez jamais dans quelle circonstance Louis XVIII vous a été rendu; n'oubliez jamais les prodiges que sa seule présence a opérés parmi vous. Depuis vingt-cinq ans le sang français arrosait toutes les plages de l'Europe. Une politique de perfidie et d'envahissement, une politique sans but comme sans règle, avait soulevé contre vous tous les peuples. Votre territoire était couvert de soldats étrangers ; vos places fortes, ces formidables citadelles dont vos rois avaient formé comme un mur autour de la France, restaient dans l'inaction ; le bruit des armes, le cri de la vengeance retentissaient de toutes parts; vos villes, vos moindres hameaux étaient menacés; vos guerriers se précipitaient au milieu des dangers et y périssaient en foule; des flots de sang inondaient vos campagnes et ne pouvaient éteindre l'incendie qui allait tout consumer. Jamais la France, sous ses rois, s'était-elle vue dans un péril si imminent, dans un péril tel qu'il semblait qu'un miracle seul de la toute-puissance de Dieu pouvait sauver le royaume ? Paris voyait avec effroi se déployer autour de ses murs un appareil formidable de guerre ; Paris craignait une destruction totale : et qui pourrait dire les angoisses de ceux qui comprenaient enfin que les outrages faits à la majesté des rois ne peuvent toujours rester impunis ? Français, environnés des terribles fléaux qui allaient fondre sur vous, dites, quelle ressource vous restait-il ? Quelques voix invoquent Dieu et les Bourbons, et ce seul cri conjure l'orage. Le roi paraît, et sa seule présence fait ce que les plus grands efforts n'auraient pu produire ; sa seule présence termine une guerre de vingt-cinq ans, arrête l'effusion du sang, et désarme ces innombrables soldats qui venaient venger tant et de si cruelles injures, et qui, dès que Louis paraît, deviennent nos amis.

Français, ne fussiez-vous redevables à votre roi que de ce seul bienfait, c'en serait assez pour lui attacher à jamais vos cœurs. Mais du moins que les maux qu'il vous a fallu endurer, que l'étonnante et heureuse révolution qui les a terminés, ne soient pas des leçons perdues pour vous. Tirez-en une vérité qu'on vous fit trop aisément oublier ; cette vérité, c'est que vous ne serez heureux que sous l'autorité de vos rois légitimes, et que vous n'irez que d'infortunes en infortunes sous le joug d'un étranger. Les convulsions de la fronde tourmentèrent l'état sous un ministre étranger. Sous le duc régent, un ministre étranger perdit les finances et les mœurs. Sous Louis XVI, un ministre étranger perdit ce monarque et son peuple. Vous venez de voir dans quel gouffre de sang l'étranger qui osait vous gouverner précipitait votre jeunesse. Lorsque la branche des Valois s'éteignit, le trône fut quelque tems disputé ; mais les Français ne souffrirent pas qu'un étranger se mêlât parmi les prétendans, et enfin le trône échut à celui qui, comme Valois, descendait de Saint Louis, à celui à qui il appartenait par droit de naissance. Eh ! quel intérêt voulez-vous qu'un étranger prenne à un pays qui n'est pas le sien, une famille qui n'est pas la sienne ? Cet intérêt peut-il égaler celui qu'un père prend à ses enfans ? Les fils de la marâtre sont-ils traités comme les fils de la bonne mère ? Et voilà pourquoi nos pères, bien plus sages que nous, regardaient non-seulement comme fondamentale, mais comme sacrée la loi salique, la loi qui ne voulait pas que la couronne tombât en quenouille. Quel était l'esprit de cette loi ? Entendait-elle faire une exception injurieuse aux femmes ? nullement : on se tromperait fort si on le croyait. Elle entendait seulement exclure à jamais tout étranger du trône de France. Si en effet la couronne eût pu passer à une princesse, le mariage de cette princesse avec un prince né hors de France, eût pu livrer le royaume à une domination étrangère (1). C'est l'oubli de l'esprit de cette loi qui a tout perdu parmi nous; et cet oubli nous est venu de ce qu'on a cru trop légèrement aux novateurs qui, au commencement de nos troubles, ne cessaient de crier que nous n'avions point de constitution. Point de constitution ! Eh ! cette loi salique en était le fondement; tous les élémens qui constituaient la monarchie française s'y rattachaient ; mais il fallait persuader aux trop crédules Français du dix-huitième siècle que nous n'a-

---

(1) Voyez l'excellente dissertation de M. Gaillard, sur cet article de la loi salique.

vions pas de constitution, afin de se donner le plaisir d'en faire une. La fantaisie a été au-delà de ce qu'on pouvait espèrer. Qu'en est-il arrivé ? Des novateurs ont succédé à des novateurs ; les codes constitutionnels se sont multipliés. Que sont devenues toutes ces constitutions ? le mépris les a dévorées. Pourquoi ? parce qu'aucune n'était la nôtre, n'était celle qui nous avait été donnée par l'expérience et le tems (1).

---

(1) Voyez ce que j'ai dit à ce sujet dans le discours qui précède l'Histoire de la révolution, discours dans lequel j'ai tâché de détruire les sophismes par lesquels on prétendait que nous n'avions pas une constitution avant l'ouverture des états-généraux qui trompèrent si cruellement les espérances de Louis XVI.

MARIE-THÉRÈSE-CHARLOTTE,

Fille de Louis XVI, Madame.

Marie-Thérèse-Charlotte naquit à Versailles le 19 décembre 1778. Cette princesse fut le premier fruit de l'union de Louis XVI et de Marie-Antoinette. Il y avait plus de sept ans que les augustes époux étaient liés, lorsqu'enfin on annonça solennellement que la reine était enceinte. Le clergé, premier corps de l'état, fut aussi le premier à remercier le ciel de ce bienfait. Tous les prélats ordonnèrent des prières publiques qu'ils accompagnèrent d'abondantes aumônes; ce pieux exemple fut suivi par les autres pasteurs. La reine, de son côté, ne laissa pas échapper cette occasion de manifester sa confiance au souverain dispensateur de tous les biens, et sa tendre sollicitude pour les malheureux. Elle avait coutume de dire que le moyen le plus sûr de mettre le ciel dans nos intérêts, c'était de mériter les bénédictions et les prières du pauvre. Fidèle à cette maxime, la reine ne voulut pas que ses largesses se bornassent à la capitale, elle les étendit dans les provinces les plus reculées. Sa bienveillance se porta plus particulièrement sur les pères de famille qu'une loi trop rigoureuse retenait dans une prison jusqu'à ce qu'ils eussent payé ce qu'ils devaient pour la nourriture de leurs enfans nouveaux-nés.

Vivement ému de ce genre de libéralité, le vertueux archevêque de Paris, M. de Beaumont, dans un mandement où il invitait son vaste diocèse à réunir ses prières à celles du reste de la France, s'écria : « Les prières du pauvre sont si
« efficaces ! que n'obtiendront pas celles
« de tant de malheureux qui, par le
« recouvrement inattendu de leur liber-
« té, ont été rendus à leurs familles et à

« leurs enfans qui réclamaient les se-
« cours de leurs pères, en même tems
« qu'ils étaient la cause innocente de leur
« détention ? »

La reine cependant ne jouit pas de tout le bonheur qu'elle se promettait ; elle demandait au ciel un prince, et le ciel qui voulait la conduire par degré aux plus grandes infortunes, n'exauça pas sa prière. Hélas ! si elle eût pu lire dans l'avenir, combien elle eût béni la Providence de lui avoir accordé une princesse qui serait un jour pour elle un ange de consolation, et qui, après avoir elle-même lutté contre l'adversité, rendrait un jour à la France la paix, le bonheur, et lui serait un exemple de toutes les vertus ! Ainsi quand nous fatiguons le ciel de nos vœux, confions-nous en la bonté divine qui sait mieux que nous ce qui doit nous être accordé ou refusé.

Devenue mère, la reine donna l'exemple d'une piété solide et éclairée. Convaincue que la princesse qu'elle tenait de la bonté du ciel appartenait à Dieu avant de lui appartenir, elle s'empressa de la lui offrir. Dérogeant à l'usage constamment suivi à la cour de France, qui renvoyait à un terme reculé les cérémonies du baptême, afin de se donner le tems de les faire avec plus de pompe, elle ordonna qu'elles eussent lieu le jour même de la naissance de l'auguste enfant; elle fut obéie : le cardinal de Rohan, grand-aumônier de France, baptisa la princesse nouvellement née. Voilà sous quels auspices elle nous fut donnée : du sein de sa mère, elle passa dans les bras de la Religion qui, aujourd'hui, nous la présente comme un ange de paix. Elle eut pour parrain le roi d'Espagne, et pour marraine l'impératrice-reine. Que d'illustration, que d'honneur environnèrent son berceau! On est en quelque sorte obligé de s'en souvenir aujourd'hui, que cette princesse cache l'éclat qu'elle tire de son rang et de sa naissance sous le voile d'une modestie qui ne laisse voir que ses vertus.

Elle reçut en naissant le titre de MADAME, *fille du roi ;* celui de MADAME ROYALE prévalut, et aujourd'hui l'auguste fille de Louis XVI ne porte plus que le nom de MADAME.

Le voilà, pour me servir de l'expression même du roi, *cet unique rejeton du roi-martyr que nous pleurons ;* le voilà *fixé à jamais auprès du trône.* La voilà cette princesse que le monarque qui nous gouverne, et qui en connaît si bien les intentions et les sentimens, regarde comme *la mère* des Français, comme *une mère qui ne pourra jamais oublier ses propres infortunes, qu'en rendant ses enfans heureux, et à laquelle la Providence a accordé toutes les vertus et les qualités nécessaires pour y réussir...* Cette vérité généralement reconnue aujourd'hui, je me félicite d'avoir été le premier à la proclamer. A une époque déja bien loin de nous, et dont il me serait trop pénible de rappeler le sou-

venir, je disais (1) de la même princesse si bien jugée par le roi : « Ses traits rap-
« pellent ceux de son auguste père ; elle
« a le cœur de Marie-Antoinette, toute
« la candeur, toutes les grâces de son
« jeune frère..... Ses éminentes qualités
« sont une réfutation victorieuse des ca-
« lomnies dont les augustes parens à qui
« elle doit le jour, ont été affligés pen-
« dant leur vie. Toutes ses perfections
« disent hautement à ceux qui ont le bon-
« heur de l'approcher, qu'elle a été élevée
« par la vertu même. » Les circonstances malheureuses où j'osais parler ainsi permettent-elles de penser que ce portrait fut tracé par l'imagination ou par la flatterie ? Et qu'il m'est doux d'entendre aujourd'hui tous les Français, sans distinction de parti, parler comme je parlais en 1795 !

Ailleurs (2), et toujours à la même

---

(1) Voy. Histoire de Marie-Antoinette, t. 1er., pag. 116 et 117.

(2) *Ib.*, pag. 137 et 138.

époque, je disais : « La princesse Marie-
« Thérèse-Charlotte ne semble avoir sur-
« vécu aux princes ses frères, que pour
« qu'il restât aux hommes de ce tems,
« une preuve vivante des soins éclairés
« que prenait son auguste mère pour que
« ses enfans retraçassent un jour toutes
« les vertus, tout le mérite des auteurs
« de leurs jours. La princesse Marie-
« Thérèse, de l'aveu de tous ceux qui
« ont le bonheur de la connaître, a la
« même affabilité, la même indulgence,
« la même compassion pour les malheu-
« reux, que Louis XVI et Marie-Antoi-
« nette. Elle réunit en outre toutes les
« connaissances qui peuvent rendre une
« personne de son âge accomplie. Ce-
« pendant c'est au sein des orages que
« son éducation s'est faite, et elle sortait
« à peine de l'enfance quand son auguste
« institutrice lui a été enlevée. »

Enfin, je disais encore (1), en parlant

---

(1) Histoire de Marie-Antoinette, tom. 2, pag. 145.

des leçons de bonté, de clémence, d'oubli que la reine donnait à ses enfans : « La « princesse sa fille qui lui a survécu et « qui a entendu ces leçons, a attesté plus « d'une fois que son auguste mère s'était « élevée jusqu'à cet héroïsme, et son « propre exemple en est une preuve ; « car tout Français, à quelque parti qu'il « appartienne, est toujours cher à son « cœur. »

Si je ne prévenais la postérité que ces lignes sont de la fin du dix-huitième siècle, ne les croirait-elle pas des jours heureux où nous sommes enfin arrivés ? Quel est en effet aujourd'hui celui de nous qui n'admire avec quelle religieuse fidélité MADAME conserve, et dans sa mémoire et dans son cœur, ces sublimes paroles qui doivent élever si haut dans l'estime des hommes, la reine qui les a prononcées : J'AI TOUT VU, J'AI TOUT ENTENDU, J'AI TOUT OUBLIÉ ?

Qui mieux que la princesse Marie-Thérèse connaissait ce que cette excellente reine méritait d'affection et de reconnaissance ? Mais qui mieux aussi que Marie-Antoinette savait combien la princesse sa fille promettait de bonheur à la nation qui la posséderait ? Avec quelle douce satisfaction l'infortunée épouse de Louis XVI voyait se développer dans l'auguste enfant tant de riches qualités ! Comme elle jouissait déja du fruit de ses sages leçons ! Combien de fois les larmes que l'injustice lui faisait répandre furent arrêtées par les accens de la sensibilité, par les épanchemens de la piété filiale de la jeune princesse !

De quel amour aussi la digne fille de Marie-Antoinette ne payait-elle pas les soins de son auguste mère ! les murs même du hideux monument qui a été le dernier séjour du roi-martyr portaient les traces de cet amour. Puisse-t-il, cet affreux monument, s'effacer de la mémoire des hommes comme il a disparu de nos yeux ! En le parcourant, mes yeux noyés de larmes ont lu sur le papier relevé en bosse qui tapissait l'antichambre de l'appartement où avaient été renfermés mes malheureux et augustes maîtres, là : *Vive ma bonne mère que j'aime bien et dont je ne peux savoir des nouvelles !* Plus loin : *Charlotte est la plus malheureuse personne du monde; elle ne peut obtenir de savoir des nouvelles de ses parens, ni d'être réunie à sa mère, quoiqu'elle l'ait demandé mille fois !*

. . . . quis talia fando,
Temperet à lacrymis ! . . . . . .

Lecteur, vos yeux aussi se remplissent de larmes : eh bien ! dites comme ces bonnes gens du peuple, le jour où après tant d'années d'absence, la princesse parut à vos yeux à côté du roi son oncle, dites : *Elle fut malheureuse, nous lui ferons oublier ses malheurs par trente ans de bonheur.* Je sais que parmi tous les témoignages d'allégresse qui lui furent prodigués dans cette belle journée où elle fut rendue à nos vœux, elle distingua sur-tout ces paroles; elle les recueillit au fond de son cœur; elle en reçut un pressentiment de l'avenir heureux qui l'attendait; elle se félicita, elle remercia le ciel de se retrouver parmi ses chers Français.

Quel moment pour cette princesse qui, grande, bienfaisante, indulgente comme son auguste mère, n'avait jamais vu dans cette France qui l'accueillait avec de si justes transports, que les enfans d'une même famille! Dans quelque situation que la Providence l'eût placée, ses espérances s'étaient toujours tournées vers ce peuple qu'il faut, disait Marie-Antoinette, plaindre quand on l'égare, mais ne pas cesser d'aimer. Aucune fortune ne lui a paru préférable au bonheur de se réunir à nous. Aujourd'hui qu'elle nous est rendue, livrons-nous sans contrainte, sans souvenir du passé, aux sentimens que nous inspirent son affabilité, son généreux empressement à faire des heureux, son tendre intérêt pour chacun des sujets du roi. Oublions comme elle, et ses hautes infortunes et les erreurs qui les causèrent. Ne parlons, ne nous entretenons que des consolations qui lui ont été ménagées par le ciel. Et quelles consolations ! la France prosternée à ses pieds, contemplant avec délices l'unique rejeton de Louis XVI et de Marie-Antoinette; un roi, l'ami, le père, l'amour de ses sujets, veillant avec une tendre sollicitude à ce que tout ce qui l'entoure contribue à la rendre heureuse; des princes s'honorant, se félicitant de l'éclat que ses aimables et éminentes qualités répandent sur le beau nom de Bourbon; une cour dont elle est l'ornement et pour qui le spectacle de toutes les perfections réunies en sa personne est une leçon continuelle de sagesse, de modération, de bienfaisance, de dévouement à la personne sacrée du roi : voilà des avantages, des consolations qui prouvent que la Providence se plaît à répandre sur la princesse ses bénédictions et ses faveurs. Jouissons de sa félicité, et n'oublions jamais que si, comme elle l'a dit tant de fois, elle ne peut être heureuse que de notre bonheur, nous ne serons heureux qu'autant que son bonheur sera inaltérable. Ravissante réciprocité qui identifie le sort de chacun de nous au sort de la fille de Louis XVI !

Le Comte D'ARTOIS.
Le Duc D'ANGOULÊME.
Le Duc DE BERRY.

CHARLES-PHILIPPE,

Comte d'Artois, Monsieur, *frère du Roi.*

Ce prince naquit à Versailles le 9 octobre 1757. Elevé à la même école que ses augustes frères, il y puisa le même amour pour toutes les vertus, le même goût pour tout ce qui concerne l'esprit. Enfant, il avait l'affection des personnes qui l'entouraient, des grands comme des moindres de ses serviteurs. Toujours enjoué, toujours bon avec quiconque l'approchait, il manifestait ce penchant vers la bienfaisance dont nous avons aujourd'hui tant et de si nobles preuves. On m'a raconté qu'il s'amusait quelquefois à converser avec un des hommes de la domesticité dont l'emploi était de frotter les appartemens. Cet homme que la gaîté

et l'affabilité de l'auguste enfant mettaient à l'aise et en bonne humeur, entrait familièrement en conversation, et contait naïvement toutes les petites histoires, toutes les anecdotes qu'il croyait les plus divertissantes. Un jour le prince le plaignant sur la fatigue qu'il se donnait, ajouta que sûrement il en était dédommagé par le salaire qu'il recevait. « Ce salaire, dit
« cet homme, n'empêche pas que je ne
« sois bien à plaindre; il ne me suffit pas
« pour les besoins de ma famille ; j'ai une
« femme et cinq enfans, et il arrive bien
« souvent qu'on se couche chez nous sans
« avoir soupé. — Eh bien ! répondit le
« jeune prince fort ému de ces détails,
« voici ce que nous ferons : on me donne
« tous les mois des menus plaisirs; dans
« le fond je n'en ai que faire, puisque
« je ne manque de rien. Chaque mois
« je viendrai te donner ce que j'aurai
« reçu ; ainsi tu pourras aider ta femme
« et tes enfans : mais n'en parle à personne;
« car si on le savait, tu serais grondé. »

La conversation finie, l'honnête serviteur, en homme discret, alla en rendre compte au duc de la Vauguyon, gouverneur des enfans de France. Le duc le loua de sa discrétion, lui dit de recevoir le premier argent qui lui serait remis, lui recommanda de n'en parler à personne, et lui donna l'assurance qu'ensuite l'affaire serait arrangée de manière à améliorer son sort.

Le mois fini, le jeune comte d'Artois reçoit à l'ordinaire sa petite rétribution : il n'en retient rien ; et quand il est assuré que personne ne le voit, il court à son protégé et lui glisse dans la main tout son argent. Mais voici bien une autre aventure, une aventure où le généreux enfant fut mis à une cruelle épreuve. Il y avait ce soir-là à la cour un de ces divertissemens qui consistaient en une loterie. On achetait une mise ; chaque mise portait son lot, et quand on avait plusieurs lots, on offrait le plus beau à la personne qu'on considérait, qu'on aimait le plus.

On avait, dans cette soirée, réuni tous les objets qui devaient naturellement séduire un enfant de l'âge du comte d'Artois. Il est ébloui de l'éclat, de la richesse des bijoux qu'il voit étalés autour de lui. Chacun met à la loterie ; lui seul qu'on avait toujours vu si empressé à jouir de cette espèce d'amusement, reste impassible : on finit par s'en étonner ; on lui en demande la raison ; il ne répond rien. Les deux princes ses frères se mêlent de la partie ; ils lui font la guerre et la poussent si vivement qu'enfin il se dépite, il s'impatiente, et leur crie avec une ingénuité qui fit sourire le duc de la Vauguyon, mais qui parut fort étrange à ceux qui n'étaient pas dans le secret :
« Vous en parlez fort à votre aise, vous
« autres ; vous n'avez pas comme moi
« une femme et cinq enfans à nourrir. »

Il était aisé de juger par ce seul trait de la latitude que le prince donnerait un jour à la bienfaisance qui lui était naturelle. Tombé des marches du trône, du sein de toutes les jouissances, dans un dénûment total, il ne s'est jamais plaint de ses propres privations, quelque grandes qu'elles fussent ; il ne les a jamais ressenties ; il n'a jamais souffert que de celles de ses amis, que de celles des bons et loyaux sujets de son roi. Environné d'une brave et fidèle troupe, il défendait des droits imprescriptibles, des droits que les lois les plus saintes lui ordonnaient de défendre. On louait sa vaillance ; on le reconnaissait pour un digne petit-fils de Henri IV ; on convenait que la cause pour laquelle il combattait triompherait s'il était secondé : mais des négociations astucieuses, des terreurs paniques engendrent une fausse politique, et déconcertent tous les projets de la sagesse et de la bravoure. Si tous les ennemis que le prince avait à combattre eussent été sur un champ de bataille, il les eût ou vaincus par son épée, ou désarmés par sa clémence ; mais ceux qu'on créait à son auguste maison dans les différentes cours, l'emportèrent. Le prince se vit arracher des mains les armes dont il faisait un si noble usage. L'armée dont il secondait et partageait les exploits, l'armée de Condé, du héros issu de tant de héros, est licenciée. Dans ce grand revers, le comte d'Artois, insensible aux pertes qui ne frappent que sur lui, ne porte ses regards, ne s'afflige que sur le sort de tant de chevaliers français qui, pour prix de leur fidélité, vont tout perdre hors l'honneur. Il n'hésite pas; il se dépouille à l'instant du peu qui lui reste; il fait remettre au maréchal de Broglie ses médailles, ses diamans, et jusqu'à l'épée du prince son fils. Le maréchal est invité à faire vendre ces objets et à en distribuer le prix à ceux dont les besoins étaient plus pressans.

La vie du prince est pleine de traits de ce genre. Tout malheur qu'il a pu soulager, il l'a soulagé; toute infortune qu'il a pu adoucir, il l'a adoucie. Il lui est arrivé plus d'une fois, non pas de partager avec celui qui avait besoin, mais de tout donner et d'éprouver ensuite pour lui-même toutes les incommodités d'une véritable gêne. Il y a plus : il a souvent donné quand il n'avait pas ; il a eu recours à des emprunts pour accorder des secours à des personnes dont la situation était telle, que le moindre retard eût pu combler leur malheur ; et c'est là la source des dettes que le prince a contractées sur une terre étrangère, source que le motif qui y faisait puiser rend sacrée.

Tout ce que nous voyons aujourd'hui de ce prince nous retrace l'excessive bonté de sa belle âme. Il n'y a pas une seule de ses actions qui n'ait pour motif de prouver aux sujets du roi qu'il les porte tous dans son cœur. Il n'a pas une pensée qui ne soit pour la gloire de la France, pour le bonheur des Français ; et s'il est vrai, comme le voulait cet empereur à qui les Romains donnèrent le glorieux surnom de *Délices du monde*, qu'une journée passée sans avoir accordé un seul bienfait, est une journée perdue, nous pouvons dire, depuis que nous jouissons de la présence de MONSIEUR, que nous n'avons pas vu ce prince perdre une seule journée. Dans ses nombreux voyages, chacun de ses pas est marqué par un acte de bienfaisance. Quelle est la ville, quelle est la campagne où il n'ait laissé des preuves de ce desir qui le brûle de répandre partout la félicité? Quelle est la prière qu'il n'ait pas exaucée? Il met fin aux alarmes, fait oublier les maux passés, réveille l'espérance dans les cœurs les plus affligés, il vivifie, il anime tout. Chacun reconnaît en lui l'âme et l'esprit d'Henri IV.

Qui pourra jamais oublier ce jour, ce beau jour où il fut enfin rendu à nos vœux? Sous quel aspect se présenta-t-il à nous, lorsqu'il entra dans nos murs? Quel est celui de nous qui ne crut voir en lui un envoyé de la Providence, un ange tutélaire qui allait sécher toutes les larmes et faire renaître toutes les sortes de prospérités? Son regard, ses gestes, ses expressions, ses transports, tout ne disait-il pas de la manière à-la-fois la plus frappante comme la plus aimable, qu'il était enflammé de la passion de porter au plus haut degré le bonheur de nous tous ? Dans ces instans heureux dont le souvenir ne s'effacera jamais, que n'eût-il pas fait pour nous prouver que c'était là sa passion, sa seule passion ? Quel sacrifice lui eût été pénible ? Quelle concession n'eût-il pas accordée ? Et si croyant tout possible à l'affection qu'il nous portait, il semble dans quelque rencontre, aller même au-delà de ce que nous étions en droit d'attendre, qui oserait blâmer, qui pourrait ne pas bénir, ne pas admirer cet élan de générosité ?

Dans les circonstances les plus indifférentes, ce prince fait voir que s'il tient à l'honneur d'être Français, il regarde comme la plus douce de ses jouissances de prouver le tendre intérêt qu'il porte à quiconque partage avec lui cet honneur. Un soldat de la garde nationale poussé, pressé de toutes parts, lui marche sur le pied ; il fait effort pour se retenir et tombe sur la poitrine du prince ; il se confond en excuses : « Point du tout, « répond Monsieur, vous n'avez point « d'excuses à me faire ; vous êtes tombé « sur mon cœur ; c'est ainsi que doit « tomber tout Français. » Henri IV, le bon Henri se serait-il exprimé d'une manière plus aimable, plus touchante ?

Mais si Monsieur met son bonheur à chérir ses compatriotes, il me semble qu'il jouit d'un autre bonheur, il me semble que chacun de nous le paie de retour ; il me semble que tous les Français le regardent comme leur généreux et zélé protecteur auprès du trône ; il me semble enfin que, si Titus fut surnommé *les Délices du genre humain*, chaque Français, dans son cœur, proclame Monsieur, *les Délices de la France*.

Dès sa jeunesse, ce prince, par ses manières douces, affables, polies, avait annoncé ce qu'il serait un jour, ce qu'il est aujourd'hui. Sa loyauté, sa franchise qui lui gagnait alors la confiance et l'affection de ceux qui l'approchaient, lui gagnent maintenant qu'il est universellement connu, l'amour de la nation entière. Dans sa jeunesse, son air ouvert, son enjouement, sa vivacité, l'impétuosité avec laquelle il se portait à tous les exercices militaires, avaient quelque chose de chevaleresque qui rappelait les Bayard, les Crillon. Aujourd'hui, non moins actif, non moins empressé à rechercher, à honorer les guerriers, bon, prévenant jusqu'à cette sorte de familiarité qui ne nuit point à la dignité, il nous donne une idée de ce qu'étaient nos anciens chevaliers. Accessible, il semble, quand on l'aborde, n'avoir d'autre affaire que de rassurer, de contenter ceux qui ont des demandes à lui faire. Sa présence réjouit l'âme, et ce qu'il dit fait sur les cœurs une impression douce et durable. Aussi est-il du petit nombre des princes qui connaissent les douceurs de l'amitié. Parmi les personnes qui, dès sa jeunesse, lui ont été attachées, et qui ont survécu à nos désastres, il n'en est pas une qui ne vive avec lui dans un commerce intime. Quand il aime, c'est pour la vie : la mort seule peut lui ravir ses amis.

Si digne d'être aimé de tous, il a un droit plus particulier à l'affection des gens de lettres : il en a toujours été le protecteur ; il a toujours encouragé les efforts de ceux qui consacraient leurs talens à la gloire de leur pays, à l'avantage de la religion, au maintien des bonnes mœurs, au progrès des sciences. L'immortel Delille, si digne d'un tel Mécène, fut constamment honoré et soutenu de son estime et de sa bienveillance ; et chacun sait avec quelle vénération, avec quelle reconnaissance le plus grand des poètes de notre âge parlait des bontés de son auguste protecteur. Ce fut sans doute pour que cette reconnaissance restât pure aux yeux de tous, qu'aucune considération ne pût contraindre le célèbre Delille à laisser échapper de sa plume un seul mot d'éloge en faveur du farouche, du rebelle sujet qui s'était déclaré l'ennemi de ses maîtres. Quelle tache épargnée à notre littérature, si les confrères du traducteur des Géorgiques eussent eu comme lui le courage de rester fidèles à la vérité !

Entre les autres traits qui recommandent Monsieur à la reconnaissance des gens de lettres, il en est un sur-tout qu'il convient de rappeler ici. On n'a point oublié l'héroïque dévouement du jeune prince Léopold de Brunswich qui périt dans l'Oder, en voulant sauver des malheureux que le débordement du fleuve entraînait. On admirait, on était touché ; mais on gardait le silence. Ce fut le comte d'Artois qui donna l'impulsion aux sentimens qu'un tel exemple devait faire naître dans toutes les âmes ; ce fut lui qui conçut le glorieux projet de présenter à la reconnaissance de toutes les générations le héros qui avait péri victime de son amour pour les hommes ; ce fut lui qui, par l'organe de l'Académie française, proposa un prix à l'auteur qui composerait le meilleur poème sur la mort de cette honorable victime : munificence vraiment digne d'éloge, car elle honorait les lettres en les rappelant à leur véritable destination, et elle avait de plus pour but d'enflammer les cœurs d'une sainte émulation.

Qui se connaît mieux que MONSIEUR en sentimens généreux ? Qui sent mieux que lui une action grande et noble ? Ici il doit m'être permis de révéler, car cette révélation ne peut nuire à personne ; il doit m'être permis de publier que MONSIEUR a été le premier de son auguste famille à se reconcilier avec un prince de sa maison, descendant comme lui de Henri IV, avec un prince égaré dans sa première jeunesse par la perfidie, la séduction, par d'atroces exemples ; ce prince, c'est Mgr. le duc d'Orléans : je ne dois pas craindre de le nommer, puisque le courage avec lequel il a avoué des torts qui n'étaient pas ceux de son cœur, l'élève à tous les yeux. MONSIEUR lui ayant accordé son amitié, le présenta au roi, et obtint sans peine pour Mgr. le duc d'Orléans les bonnes grâces d'un souverain dont toute la conduite est une leçon continuelle d'indulgence pour les erreurs, de louange pour le repentir. En comblant ainsi le bonheur du duc d'Orléans, Monsieur a acquis des droits à la reconnaissance de nous tous, puisque la France retrouve un de ses ornemens, et le trône un de ses appuis.

Aux qualités les plus aimables, Monsieur joint celles du guerrier, celles de l'homme d'état. L'ardeur avec laquelle, dans les plus beaux tems de sa prospérité, il s'arracha aux délices de la cour pour aller braver les feux que vomissait une place réputée imprenable; ses diverses campagnes au-delà du Rhin, les dangers qu'il a courus dans divers trajets sur la mer: tout prouve que comme les autres Bourbons, il est de la race des héros; tout prouve qu'il est digne de conduire dans le chemin de l'honneur les braves militaires dont il a conquis la confiance et l'affection.

D'un autre côté, sa sagesse dans la conduite des plus hautes affaires, montre toutes les ressources qu'il tire de son propre génie, de ses études, de son expérience, de ses réflexions, et de la connaissance qu'il a acquise des intérêts des divers cabinets de l'Europe. Quelles étaient difficiles les circonstances où tout-à-coup et presque seul il se montre, après une si longue absence, au milieu de Paris qui avait oublié jusqu'à ses traits! Il est investi d'un pouvoir illimité ; tout roule sur sa tête. Supposez à sa place Richelieu, Mazarin : eussent-ils conduit le vaisseau de l'état avec plus d'habileté? Les partis se taisent, se rapprochent; les uns sont rassurés, les autres enivrés de reconnaissance ; l'amour pour les Bourbons se réveille avec force dans tous les cœurs ; les souverains étrangers, d'ennemis deviennent alliés; ils ne savent qu'admirer, qu'approuver. Ah! ne les oublions jamais ces premiers jours de notre bonheur; bénissons à jamais le prince qui, au moment même du plus violent orage, ouvrit à la France les routes de la prospérité et de la gloire.

Cette merveille n'étonna point ceux qui se rappelaient avec quelle distinction le prince avait paru à Pilnitz, lors des grands intérêts qui s'y traitaient entre l'empereur d'Allemagne, le roi de Prusse et l'électeur de Saxe. Elle n'étonna pas non plus ceux qui conservaient le souvenir de la sage prévoyance avec laquelle le prince, à l'instant même où nos troubles s'annoncèrent, prédit les maux qui allaient fondre sur la France. Il fut le premier à annoncer les dangers dont la révolution, prête à éclater, menaçait la monarchie. Il traça l'affligeant tableau de ces inévitables dangers dans un Mémoire plein de vues profondes, qu'il composa et qu'il présenta lui-même au roi son frère.

Il n'est rien là, sans doute, qui ne soit honorable pour le prince; mais il est

des esprits à qui les actions les plus louables se présentent toujours sous un aspect qui les irrite, comme il est des yeux pour qui les objets les plus doux à considérer, prennent une couleur qui les fatigue. J'entends dire que dans des écrits composés par des hommes tranquilles sous un joug de fer, et audacieux sous l'empire de la bonté, on trouve dans cette prévoyance même dont je viens de parler, un motif de blâmer le prince. Je l'entends dire, car d'ailleurs je ne lis point ces sortes d'écrits, autant par l'horreur que j'ai toujours ressentie pour ceux qui attaquent la religion, le trône, les mœurs, que par le besoin que j'ai de maintenir mon âme en paix. Voici donc, m'est-il dit, comme on raisonne dans ces écrits : « Monsieur
« prévoyait les maux qui menaçaient la
« monarchie ; il prévoyait que le roi son
« frère serait victime des nouvelles théo-
« ries que l'impiété et la licence mettaient
« en honneur ; et cependant il abandonne
« le roi son frère ; il s'éloigne, il se retire

« sur une terre étrangère, il le laisse seul
« au milieu de ses ennemis. S'il a péri,
« à qui faut-il s'en prendre?... » A qui ?
Pourquoi nous forcez-vous de le rappeler ? Aux monstres qui sciemment ont violé ce qui, de droit divin et humain, était inviolable. A qui ? à ceux qui ont immolé le juste, l'innocent, le bienfaiteur du peuple français. A qui ? à ceux qui, avant de consommer ce déplorable sacrifice, ont refusé d'écouter le vœu de la nation. A qui ? à ceux qui encore aujourd'hui, au lieu de montrer un repentir qui les absoudrait, violent eux-mêmes la loi de l'oubli prononcée en leur faveur, semblent tirer vanité d'un attentat dont l'effet a été de faire pleuvoir sur l'Europe un déluge de calamités, et renouvellent la doctrine du régicide, la doctrine qui, là où elle est enseignée, fait naître la rébellion. A qui enfin faut-il s'en prendre ? à ceux qui avaient environné le comte d'Artois lui-même d'assassins. La vie du prince est menacée. La faction

alors dominante inscrit son nom sur une liste de proscription ; sa mort est résolue; on a l'insolence de la proclamer solennellement. Des avis viennent à tous les instans du jour et de la nuit avertir le roi de mettre cette tête auguste hors de danger. Le roi, malheureusement trop bien informé, conçoit de justes, de vives alarmes, il invite le prince à céder à l'orage, à s'éloigner ; il n'emploie d'abord que le langage affectueux de l'amitié. Les invitations, les prières, les instances ne produisent aucun effet sur le cœur intrépide du prince. Louis XVI qui sait que le danger est imminent, parle enfin en maître ; il commande en roi ; il veut être obéi ; il ordonne au comte d'Artois d'aller à l'instant même avec ses enfans chercher un azile dans le sein de la famille de son auguste épouse. Que devait faire le prince? Fallait-il que, dans ces tems de révolte, un exemple de désobéissance partît des marches même du trône? Les malheureux voulaient immoler cette noble victime, et ils demandent aujourd'hui froidement : Pourquoi le prince s'est-il éloigné ? Je leur demande à mon tour : Que fût devenu le prince, quel sort lui eussiez-vous réservé, s'il ne se fût éloigné ? Soyez, s'il se peut, de bonne foi, et répondez : votre réponse sera votre condamnation. Que nous parlez-vous de résistance ? Eh ! cet autre prince, ce malheureux prince du beau nom aussi de Bourbon, résistait-il à vos excès ? ne les partageait-il pas ? Avides de son or, n'en aviez-vous pas fait votre complice, votre chef ? Son aveuglement, sa docilité, son inconcevable complaisance à vous accorder tout, ont-ils empêché que vous versassiez aussi son sang ?......

O Louis ! ô vous qui, pour épargner le sang de vos sujets, leur donnâtes tout le vôtre ! ô vous qui, placé maintenant à côté de votre auguste aïeul, jouissez du prix de toutes vos vertus, nous regardons comme un de vos plus précieux bienfaits de nous avoir conservé un prince qui, ainsi que son auguste frère, met sa gloire et son bonheur à obéir aux leçons de clémence que vous leur avez laissées! Veillez sur une vie si précieuse, sur une vie qui nous est si chère ; faites descendre les bénédictions célestes sur ce trône antique qu'occupe si dignement le roi votre successeur. Que ce trône s'affermisse de plus en plus ; qu'il soit à jamais inébranlable : qu'il soit donné aux princes qui l'entourent, à la princesse qui l'embellit des perfections dont vous et son auguste mère l'avez ornée, de voir le roi qui y est assis, consommer l'œuvre qu'il a si heureusement commencée, l'œuvre de la félicité publique. Que conformément au plus ardent de vos vœux, tous les Français n'ayant plus qu'un même cœur, qu'un même esprit, secondent votre successeur de leurs bénédictions et de leurs efforts.

LOUIS-ANTOINE DE BOURBON,

Duc d'Angoulême, fils aîné de Monsieur, frère du Roi et de Marie-Thérèse de Savoie.

Ce prince naquit à Versailles, le 6 août 1775, et un an après il fut nommé grand-prieur de France. C'était depuis longtems l'usage de conférer ce prieuré à un prince du sang ; le conférer à un petit-fils de France, c'était honorer l'ordre de Malte dont le grand-prieuré de France était une des propriétés ; c'était en même tems donner à cet ordre un puissant protecteur.

Ce fut en septembre 1789 que le comte d'Artois reçut du roi son frère l'ordre de se retirer à la cour du roi de Sardaigne. Le jeune duc d'Angoulême avait à cette époque quatorze ans. Son extrême jeunesse laissait briller toutes les qualités qu'il tenait de sa naissance, de son éducation et des exemples qu'il avait autour de lui. Louis XVI qui n'aimait ni les airs évaporés, ni la légèreté, ni l'étourderie, qui n'estimait que la simplicité, que la modestie, que la solidité du jugement, que la droiture de la raison, vit dans le jeune duc d'Angoulême un enfant selon son cœur : il s'attacha singulièrement à lui ; il lui voua une affection toute particulière ; et ne se contentant pas du lien qui unissait le jeune prince à sa personne, il voulut l'en approcher de plus près encore ; il mit son bonheur à le compter au nombre de ses propres enfans; il résolut d'en faire son gendre. Cette adoption me semble un beau titre de gloire pour le duc d'Angoulême. Avoir été adopté par Louis XVI, par un souverain que la France comptera toujours au nombre de ses meilleurs rois, et que l'église placera un jour sur nos autels à côté de Saint Louis, c'est avoir été adopté par la vertu même. Et quelle idée ne devons-nous pas nous faire de la haute sagesse d'un prince qui fut l'enfant de prédilection du plus sage des rois ?

Louis XVI avait extrêmement à cœur cette adoption. C'était là le vœu de son cœur, le vœu dont il desirait avec une sorte de passion l'accomplissement. Il le renouvella dans chacun des dangers qui menacèrent sa vie ; du fond de son dernier séjour, il le fit encore entendre aux princes ses frères. Sûr qu'il serait exaucé, assuré que l'affection qui lui était portée par la princesse sa fille, ne mettrait point obstacle à la volonté qu'il manifestait, il eut du moins, dans sa longue agonie, la consolation qu'une union qui eût fait son bonheur, s'il eût vécu, et qui fait aujourd'hui le nôtre, s'effectuerait.

Qu'on juge de la douleur que durent éprouver, en se séparant, le jeune prince et le roi qui savait si bien aimer, qui s'attachait si fortement à ceux qu'il jugeait dignes de son affection ! S'ils eussent prévu que cette séparation serait pour toujours, en eussent-ils supporté l'idée? C'est ainsi qu'il faut bénir la Providence du voile qu'elle jette sur l'avenir qui nous attend. Mais croira-t-on que même avec la certitude de revoir sur son trône le roi adoré à qui il devrait un jour le bonheur de sa vie, le duc d'Angoulême eût consenti de lui-même à l'abandonner, eût consenti à un sacrifice si pénible pour son cœur aimant? Que pouvait-il faire? Un ordre de son roi, un ordre du prince son père le lui commandaient. Fallait-il qu'il désobéît? Dira-t-on aussi que le duc d'Angoulême eut tort de quitter la France? Ce serait ériger en vertu la double rébellion et à l'auteur de ses jours, et au roi dont on est aimé. Je ne pense donc pas qu'à moins d'être en démence, ou d'être guidé par des motifs qu'il serait trop pénible de qualifier, on puisse faire au duc d'Angoulême un reproche de ce qui l'honore.

Ce fut le 10 juin 1799 que le vœu formé par Louis XVI s'accomplit. Son auguste fille, rendue au monde, s'arrache à la pompe de la cour la plus brillante de l'Europe, vole à Mittau se jetter aux pieds de son nouveau roi. Elle préfère à tout l'éclat qu'elle quitte, la douceur de partager l'infortune de son souverain. Résignée à toutes les calamités qui peuvent encore lui être réservées, soumise aux volontés de son roi et de son père, si souvent manifestées, elle consent à unir son sort à celui du duc d'Angoulême. Le mariage fut célébré par le cardinal de Montmorency, grand-aumônier de France, au pied d'un autel dressé à la hâte dans une vaste galerie dont les murs portaient pour toute parure des branches de verdure entrelacées de lilas, de lis et de roses. La sainteté de la cérémonie sur une terre d'exil, la piété des augustes époux, les souvenirs qu'ils réveillaient, firent couler des larmes d'attendrissement des yeux de tous les spectateurs. Et sans doute dans cet instant que la religion consacrait par ce qu'elle a de plus auguste, de plus imposant, Louis, Marie-Antoinette, Elisabeth, du haut des cieux, sourirent et ajoutèrent leurs bénédictions à celles du pontife. Ainsi fut réalisé le vœu de Louis XVI, ainsi fut célébrée cette union qui réjouit aujourd'hui la France.

Depuis son retour parmi nous, le duc d'Angoulême a été créé amiral de France. Grande et belle charge que possédait avant lui un prince qui fut constamment le protecteur, le bienfaiteur des malheureux. Elle passe dans des mains non moins pures, dans les mains d'un prince qui nous rappelle toutes les vertus de son prédécesseur. Aussi est-il généralement estimé des militaires qui peut-être mieux que les autres hommes, savent apprécier les qualités brillantes.

LOUIS-ANTOINE DE BOURBON,

Duc de Berri, fils de Monsieur, *petit-fils de France.*

Ce prince naquit à Versailles, le 25 janvier 1778. Il n'avait donc guère que onze ans lorsque, par ordre du roi, il suivit le prince son père hors de France. La faiblesse de son âge n'empêcha pas qu'il ne fût enveloppé dans la proscription qui embrassait l'âge, le sexe, la naissance, la vertu, les talens. On mit l'auguste enfant hors la loi. Tout cela n'est plus aujourd'hui que d'une atrocité ridicule, et on ne saurait rien faire de mieux que de l'oublier; mais pour l'oublier, il ne faut pas chercher à amalgamer la justice de ces jours de déraison et de férocité, avec la justice de nos jours, avec celle de tous les tems qui, comme la vérité, est une et ne peut jamais perdre aucun de ses droits. Dites franchement : Si l'on fut injuste pendant l'interrègne, soyons justes, nous qui avons un si grand besoin de rétablir la morale publique. Toute discussion finit là. Mettez-vous en délibération si deux et deux font quatre? non. Pourquoi donc mettez-vous en délibération si deux et deux font cinq ? Ne voyez-vous pas que par cela même que vous délibérez sur cette absurdité, chacun de vos raisonnemens est une preuve que c'est-là une absurdité. Vous discutez longuement pour savoir si j'ai droit de reprendre ma propriété, lorsque je la retrouve. Ne voyez-vous pas que votre discussion elle-même est un aveu du droit? Il est fâcheux qu'il y ait encore aujourd'hui des hommes à qui il faille rappeler des vérités d'une telle évidence, qu'elles ne souffrent pas même l'examen. Mais du moins ces hommes-là ne devraient-ils pas comprendre dans la classe des Français à qui ils veulent trouver des torts, ceux que leur âge et l'obéissance qu'ils devaient à leurs guides, contraignaient de partager un sort qui les rendait à plaindre, bien loin de les rendre blâmables.

Ce fut donc de bien bonne heure que le duc de Berri entra dans l'école de l'adversité ; et l'adversité qui abat les courages ordinaires, double l'énergie des âmes grandes et fortes. Accoutumé de bonne heure à supporter toutes les sortes de privations, à endurer de longues et cruelles douleurs, à braver des obstacles en apparence insurmontables et sans cesse renaissans, le duc de Berri paraît aujourd'hui ne s'étonner de rien ; il se joue au milieu des difficultés, des embarras ; il y conserve une merveilleuse présence d'esprit ; et quand on le croit dans l'impossibilité d'atteindre son but, il y arrive avec une gaîté qui ravit, qui enchante. A peine revenu parmi nous, il passe en revue une vieille troupe ; il l'engage à faire entendre le cri des Français : *vive le roi !* Plusieurs voix font entendre un cri bien différent.

Que fera le prince ? Quittera-t-il la partie ? Se retirera-t-il ? non, on le croirait vaincu. Il ne s'émeut, il ne se trouble point ; il s'écrie : « Voilà de braves gens ; ils ont « été fidèles, ils le seront au roi. Allons, « mes amis, continue-t-il, quittons cette « vieille habitude, crions tous : *vive le* « *roi !* » Tous à l'envi et sans exception font retentir les airs du cri plusieurs fois répété : *vive le roi !* Le prince ensuite fait manœuvrer cette troupe avec une telle habileté, qu'officiers et soldats conviennent que nul n'est plus digne que le duc de Berri de commander à des braves.

Jeté dès l'enfance, comme Henri IV, au milieu des camps, le duc de Berri, comme ce héros, s'est montré vaillant dès que ses mains ont pu manier une arme. De vieux guerriers admiraient son intrépidité, l'ardeur avec laquelle il ambitionnait d'être aux postes les plus dangereux, son impassibilité, sa gaîté même lorsqu'un trait lancé par ceux qui le combattaient, l'avait atteint, l'avait blessé

Docile et brave comme un soldat, il annonça de bonne heure qu'il aurait un jour la science et toutes les qualités d'un général; qu'il réunirait à l'impétuosité du grand Condé, l'imperturbable sang froid de Turenne.

C'est au sein des bruyans et dangereux exercices qui ont occupé son enfance et sa jeunesse, que le prince a contracté les goûts qu'il manifeste aujourd'hui. C'est là qu'il a puisé cette ardeur martiale qui brille dans son regard, dans tout son maintien; cette activité qui ne se repose jamais, et qui lui fait parcourir en peu d'heures des espaces immenses; enfin cette préférence qu'il semble donner sur tous les arts, à l'art militaire, et qui le rend l'idole des soldats.

Mais on se tromperait étrangement si l'on ne voulait voir dans le duc de Berri, qu'un prince propre à la guerre. Pour peindre d'un seul trait ce que peuvent pour le roi et la France, les ressources de son génie et les forces de son âme, je m'appuierai d'un témoignage, bien extraordinaire à la vérité, mais qui du moins ne paraîtra pas suspect ; ce témoignage c'est celui d'un homme qui, entraîné par un instinct aveugle que ses flatteurs appelaient *une grande pensée*, savait très-bien apprécier ceux qui pouvaient l'arrêter dans sa carrière de dévastation. Voici son jugement sur le duc de Berri. Ce jugement a été entendu et m'a été attesté par le comte de B...., l'un des braves chefs des royalistes qui, par leur bravoure et par leurs exploits dans la Vendée, ont en quelque sorte imprimé un caractère sacré à cette terre de la fidélité. Le comte de B...., trop confiant peut-être en des promesses astucieuses, était venu à Paris pour conclure cette espèce de traité de paix que l'abbé Bernier avait voulu par des vues que ce n'est pas ici le lieu d'examiner. La négociation dont le comte de B.... était chargé lui procura diverses entrevues avec l'homme dont je viens de parler. Il m'a raconté que, dans une de ces conférences qui eut lieu tête à tête, sans témoins, cet homme portant la conversation sur les Bourbons, et parlant seul, avait passé en revue tous les princes de ce nom, portant avec une apparence de franchise et à sa manière, son jugement sur chacun ; et que, quand il en fut au duc de Berri, il eut l'air de rêver un instant avec une sorte d'inquiétude, et dit ensuite, en élevant la voix : « Le « duc de Berri est un jeune prince qui a « de la tête, et il en a beaucoup trop « pour moi. » L'anecdote est certaine, et tout ce que je prétends en inférer, c'est qu'il n'y a pas moyen de révoquer en doute une vérité, quand celui qui a intérêt de la nier en convient.

On voit que le duc de Berri tient honorablement sa place dans cet illustre groupe des enfans du dauphin, fils de Louis XV. Quelle image ! quel tableau ravissant que celui de ces princes assis sur les marches d'un trône qu'embellit de sa présence la fille de Louis XVI, et qu'occupe si dignement le successeur de ce prince, dont on ne peut plus prononcer le nom sans sentir ses yeux mouillés de larmes! Où trouverez-vous plus d'illustration, un ensemble plus complet de vertus nobles et douces, un accord plus parfait de vues et d'efforts pour ajouter à la félicité publique, que dans la famille royale de France? Ah! couvrons-la donc à jamais de notre reconnaissance, de notre fidélité, de notre dévouement, et honorons-nous de voir dans cette auguste famille le protecteur, le père, le chef de la patrie.

Je passe aux princes qui, sans appartenir d'aussi près à la personne sacrée du roi, n'en sont pas moins comme lui du sang de Saint Louis.

LOUIS-PHILIPPE DE BOURBON,

Duc d'Orléans.

Le connétable de Bourbon, le grand Condé, l'immortel Turenne eurent leurs erreurs. L'histoire, moins sévère qu'indulgente envers eux, nous commande sinon de les absoudre, du moins de leur tenir compte, avant de les blâmer, de la force qui les poussa hors du chemin de la fidélité. Le connétable n'aurait point trahi son roi et son pays (1) si l'injustice opiniâtre d'une princesse excessivement vindicative, ne l'eût réduit au désespoir. Condé et Turenne oublièrent un instant leur devoir, parce qu'un ministre étranger que la régente avait placé à la tête des affaires, et qui ne connaissait pas encore

---

(1) Voyez plus haut l'article du connétable de Bourbon.

bien les hommes qu'il avait à gouverner, semble oublier lui-même un instant les égards dus à une haute naissance, à un mérite supérieur. Et ensuite tant de glorieux et importans services suivirent leur défection d'un moment, que si leurs nouveaux exploits ne purent jamais la faire entièrement oublier, ils leur reconquirent avec éclat l'affection, la reconnaissance, l'estime de leur siècle, de la postérité.

Comme ces héros, le duc d'Orléans a eu des torts; mais il est incontestable que plus qu'eux il a droit à toute l'indulgence de l'histoire; car ces torts, ainsi que je l'ai déja remarqué, ne furent pas ceux de son cœur. Ce prince, en effet, né à Paris, le 6 octobre 1773, n'avait guère que quinze à seize ans lorsque notre révolution éclata, lorsque l'assemblée qui se disait constituante mit toute la France en mouvement. Des partis se formèrent; les factions s'agitèrent et voulurent avoir à leur tête le premier prince du sang. Comment le jeune duc de Chartres (c'était alors son titre), guidé par un père aveuglément dévoué aux factieux, inspiré par des conseillers perfides qui le dominaient, aurait-il pu se garantir d'une effervescence que partageaient même des hommes avancés en âge, éclairés par les leçons de l'histoire, et qui auraient dû donner à sa jeunesse l'exemple de la retenue ? Dans ce bouleversement universel, que pouvait faire le duc de Chartres ? Etait-ce à lui à soupçonner des intentions criminelles au prince à qui il devait le jour ? Il est si doux d'estimer, de respecter celui que la nature nous fait un besoin d'aimer, que la religion nous fait un devoir de chérir, qu'il y aurait une sorte de monstruosité à aller chercher des vices au fond d'un cœur qu'on croit le sanctuaire de toutes les vertus !

Le duc de Chartres donc, trompé par ses guides, trahi par ceux qu'il devait croire dignes de sa confiance, dépourvu de toute expérience par la faiblesse de son âge, fut à la suite du prince son père, entraîné par les factions. Mais il est singulièrement à remarquer que dans ses égaremens, il ne se porta à aucune de ces actions honteuses dont tant d'autres autour de lui se souillèrent. Tout ce qu'on put lui reprocher dans ces jours déplorables se réduit à un propos indiscret qui lui fut peut-être moins arraché par la réflexion que par le desir de plaire à ceux qui le voulaient de leur parti et qui l'observaient. On peut m'en croire, moi qui ai recherché si scrupuleusement, et qui ai ensuite publié tous les traits qui pouvaient à jamais rendre odieuse la conjuration à laquelle le premier prince du sang attacha son nom. Qu'on lise attentivement la lamentable histoire que j'en traçai au sein de nos plus grands désastres, et où le cœur de tout bon Français devait naturellement être le plus ulcéré contre ceux qui les engendraient ; qu'on lise ces annales de démence et de crime, et l'on se convaincra que tout ce qui fut personnel au duc de Chartres se borne aux paroles inconsidérées qu'il proféra dans les premiers jours où l'assemblée, dite constituante, s'empara de tous les pouvoirs. Ce serait donc sans fondement qu'on me reprocherait à moi-même de me contredire, de louer aujourd'hui ce que j'ai blâmé autrefois. Aujourd'hui comme autrefois je blâme les malheureux qui abreuvaient de poison le cœur du jeune duc de Chartres: et remarquer que malgré leurs leçons et leurs exemples, son rôle, aussi longtems qu'il fut sous leur dépendance, se réduisit à un rôle passif, à un rôle de docilité, ce n'est pas me contredire.

L'âge, ses études, ses propres réflexions sur ce qu'il avait vu, sur les conséquences des opinions qu'on avait voulu lui faire partager, éclairèrent sa raison et lui firent retrouver tout ce que la nature avait mis de bon dans son cœur. Envoyé pour servir dans les camps ce qu'on appelait alors la république, il se montra avec avantage aux guerriers; il ne tarda pas à conquérir leur estime et leurs applaudissemens; il leur fit voir qu'il était aussi de cette race dont Brantôme dit qu'il n'y en avait point qui ne soit vaillant. Ses chefs lui accordèrent une entière confiance; ils admiraient son courage lorsqu'il lui fallait payer de sa personne, lorsqu'il lui fallait enfoncer les phalanges qu'on lui opposait; ils disaient : il a du cœur et de la tête. Insensiblement le prince s'établit une excellente réputation ; elle circula des camps dans le reste de l'Europe, et fit concevoir de hautes espérances à ceux qui voulaient en faire aussi un chef de parti. Mais le tems des prestiges était passé. En effet, quand les attentats des dominateurs du jour furent à leur comble, quand le duc d'Orléans eut été immolé par ceux-là même à qui il avait livré toute sa fortune, tout changea de face aux yeux du prince son fils. Devenu chef de sa famille, il connut mieux alors toute l'étendue de ses devoirs ; il prit les sentimens qui convenaient à un premier prince du sang ; il eut en horreur la tourbe des factieux, et s'en croyant encore trop près s'il restait en Europe, il alla dans un autre hémisphère chercher le repos qu'ils bannissaient de tous les lieux où ils pouvaient se glisser.

Arrivé dans les Etats-Unis d'Amérique, le prince s'y choisit une retraite ; et après tant d'agitations, jouissant avec transport du calme qu'il y trouvait, il résolut de n'en plus sortir, de vivre dans l'obscurité, de renoncer à tous les avantages que lui promettait sa naissance. Il donna même de la publicité à cette singulière résolution. Mais ce n'était encore là qu'une illusion. Ceux que la Providence place aux premiers rangs de la société ne sont point appelés par elle à la vie contemplative ; ils en sont les instrumens pour seconder celui qui gouverne, pour lui attacher les cœurs par leur exemple, pour se porter sous ses ordres par-tout où il y a un malheur à réparer, un bien à opérer. Mûri par l'adversité, par des lectures mieux faites, désabusé de toutes les chimères que l'imagination enfante dans la première jeunesse, le duc d'Orléans comprit enfin quelle était sa véritable destination ; il comprit que son premier devoir était de contribuer autant qu'il serait en lui à ramener dans sa patrie le repos et le bonheur, et qu'il n'arriverait jamais à ce but s'il séparait ses intérêts de ceux de son roi, s'il agissait sans ses ordres et ses avis.

Mais il fallait se rapprocher du monarque, tomber à ses pieds, lui jurer fidélité, et lui montrer un cœur ouvert au repentir. Ce repentir pour des torts qui trouvaient leur excuse dans le délire du tems, dans la faiblesse de l'âge du prince, était déja par lui-même une honorable réparation ; mais elle ne suffisait pas. Il fallait avoir le courage de faire l'aveu de ses erreurs, et d'en demander l'oubli au roi qui en avait été vivement affligé, et dont on croyait avoir perdu à jamais les bonnes grâces. Il y avait certes du courage à faire cet aveu ; et sans doute ce courage est grand puisqu'il a si peu d'imitateurs, ou, pour mieux dire, je ne connais encore personne qui s'en soit honoré, malgré le loyal exemple qui leur a été donné par le premier prince du sang. Je vois des hommes qui raisonnent, qui écrivent, qui se tourmentent pour persuader à eux-mêmes et aux autres qu'ils n'ont pas besoin de repentir pour ce qui pourrait être pardonné, mais ne saurait être justifié par leur conscience. Et quand nous les invitons à faire un aveu qui les couvrirait d'honneur auprès de leurs contemporains et de la postérité, quand nous les pressons de venir enfin prendre place dans les rangs de ceux qui furent toujours fidèles, ils osent nous reprocher que c'est l'intérêt qui nous y retient; ils osent nous dire que nous les quitterions si nous n'avions l'espoir de faire tomber sur nous les faveurs du prince. Cette manière de nous combattre n'est, chez eux, que l'effet d'une vieille habitude. Ce même reproche, ils nous le faisaient lorsque la spoliation et l'échafaud étaient le prix de la fidélité. Quelle réponse y faire aujourd'hui? aucune, sinon continuer à rester fidèles dans la pauvreté comme dans l'opulence.

Il n'en est pas moins glorieux pour le duc d'Orléans d'avoir le premier donné l'exemple d'un retour qui efface tout, d'un retour dont les âmes élevées peuvent seules apprécier la grandeur, la magnanimité. Et les tems malheureux où le prince a fait cette démarche ne laissent rien voir qui ne soit noble, qui ne soit pur. Au moment où il est venu reprendre sa place et se fixer auprès du trône, le trône était sans éclat; le monarque qui y était assis n'avait que des vœux à présenter à ceux qui se dévouaient à son service; s'associer à sa destinée, c'était s'associer à une grande infortune. Voilà ce que dira l'histoire; elle ne sera pas plus injuste envers Philippe qu'elle ne l'a été envers Condé et Turenne.

Ce prince qui, du vivant de son père,

portait le titre de duc de Chartres, est devenu, par la mort de ce prince, duc d'Orléans et premier prince du sang. Dans le cours de nos troubles, il n'avait perdu aucun des droits attachés à sa haute naissance, parce qu'il est des droits qui sont imprescriptibles, et un de ces droits, c'est d'occuper la place la plus élevée après les rois et les enfans des rois. Le duc d'Orléans descend en ligne directe de *Monsieur*, frère unique de Louis XIV; et *Monsieur*, comme ce grand roi, était petit-fils de Henri IV. Est-il une plus belle origine, une origine plus digne de notre vénération ? A *Monsieur* succéda le duc-régent qui se fit admirer, et par ses brillantes qualités, et par sa bravoure dans les combats. Au duc-régent succéda ce duc d'Orléans qui, philosophe chrétien, n'eut dans toute la suite de sa vie d'autre occupation que de faire des heureux, et de donner l'exemple de toutes les vertus. Son fils fut l'ami de Louis XV, le protecteur des gens de lettres, le bienfaiteur des malheureux, le père des gens attachés à son service. Le prince que la révolution a dévoré, était son fils; le duc d'Orléans actuel est son pesit-fils. J'ai rappelé cette filiation, afin que la jeunesse élevée pendant l'interrègne, à qui on a trop laissé ignorer combien de gloire le nom de Bourbon répand sur la nation française, sache de quelle tige sort cette belle suite de princes placés à notre tête.

Si les nobles prérogatives attachées à la naissance du duc d'Orléans sont imprescriptibles, il est vrai aussi de dire qu'il a rendu à ces prérogatives tout leur éclat, en y réunissant toutes les bonnes grâces du roi. Depuis cette heureuse époque, le duc d'Orléans a lié son sort à celui d'une princesse du nom de Bourbon, comme lui fille d'un souverain dont ses sujets et l'Europe entière proclament la sagesse et la bonté, et d'une reine de l'illustre maison d'Autriche, qui, dans de grandes occasions, a montré l'âme et toutes les vertus de son auguste mère,

Marie-Thérèse. Le duc d'Orléans, en faisant entrer cette princesse dans sa maison, a attaché par un lien de plus les princes de sa branche à la famille royale. En effet, Marie-Antoinette, reine de France, mère de MADAME, duchesse d'Angoulême, et Marie-Charlotte, reine de Naples et de Sicile, mère de Mme. la duchesse d'Orléans, devaient toutes les deux le jour à l'impératrice Marie-Thérèse ; ainsi les deux princesses leurs filles sont cousines germaines. Bénissons la Providence qui, à travers tant d'évènemens bizarres et malheureux, a rapproché ces augustes rejetons pour affermir parmi nous la tranquillité, et encourager, par leurs exemples, le retour à toutes les vertus domestiques et sociales.

La France possède depuis trop peu de tems la duchesse d'Orléans pour qu'il soit possible de parler pertinemment des qualités qui en font un nouvel ornement pour la France, et que sa modestie, d'ailleurs, première vertu de son sexe, cache jusqu'à présent d'un voile impénétrable. Il suffira de dire que le ciel a béni son union avec le premier prince du sang. Les augustes époux ont enrichi la maison de Bourbon, de deux princes et de deux princesses. Leur bas âge permet seulement d'augurer que, dociles aux leçons qu'ils recevront du prince et de la princesse à qui ils doivent le bienfait d'une si illustre naissance, ils viendront un jour ajouter à l'éclat et à la force du premier trône de l'Europe.

Le duc d'Orléans a une sœur dont il devient inutile de faire une mention particulière, et c'est un bel éloge pour cette princesse; car les personnes de son sexe dont on parle le moins sont, comme l'a dit un philosophe, celles qui méritent le plus d'être louées. Avant nos troubles, elle portait le titre de *Mademoiselle.* Lorsqu'ils éclatèrent, rien ne put étouffer les germes des heureuses qualités dont le ciel l'avait ornée, et que les premières leçons de sa vertueuse et auguste mère avaient développées. La contagion du mauvais exemple n'alla point jusqu'à son cœur. Elle avait à peine dix-huit ans lorsqu'elle fut arrachée à sa famille et transportée sur une terre étrangère. Courageuse dans l'adversité, elle ne laissa pas échapper une plainte contre le changement de sa fortune ; et ce qui est mieux encore, elle resta constamment pure des erreurs et des écarts où donnaient trop inconsidérément ceux qui avaient sur elle l'ascendant d'une certaine autorité.

LOUISE-MARIE-ADÉLAIDE DE BOURBON-PENTHIÈVRE,

Duchesse douairière d'Orléans.

Il n'y a peut-être jamais eu un cœur plus cruellement affligé que celui de cette princesse. Fidèle à son roi, sincèrement attachée à la reine Marie-Antoinette, elle n'a que des vœux et des gémissemens contre les attentats qui menacent ces deux augustes têtes. Un forfait épouvantable amène la famille royale aux Tuileries, et change pour elle ce palais en une prison? Des considérations qui peut-être eussent arrêté une princesse moins fidèle à ses devoirs, n'arrêtent point la duchesse d'Orléans. Comme aux plus beaux jours, elle vient au milieu d'une cour déserte et où règne le deuil, apporter l'hommage de sa douleur et de son attachement. Quelle

scène sur-tout que celle du 31 décembre 1789 ! Et ceux qui en furent témoins pourront-ils jamais l'oublier ? La journée suivante ouvrait une nouvelle année, et à chaque semblable époque les princes et la foule des courtisans se pressaient autour du monarque. Mais aujourd'hui tout est changé : les princes pleurent sur une terre étrangère les malheurs de leur roi et de la France. Parmi les courtisans, les uns ont suivi leurs princes, d'autres obéissent à l'impulsion donnée par les factieux ; Louis et Marie-Antoinette restent seuls au milieu d'un petit nombre d'amis. La duchesse d'Orléans, comme un ange de consolation, vient grossir et embellir cette généreuse troupe. Elle est à peine auprès de la reine (1), que laissant échapper de son cœur toute la sensibilité qui le remplit, elle témoigne à cette reine si infortunée, et si peu digne de l'être, tout ce qu'elle souffre des derniers évènemens qui vien-

_____

(1) Voyez Histoire des dernières années de la vie et du règne de Louis XVI, par M. Hue, pag. 552.

nent de se passer. La reine, vivement émue, ne laisse point achever son aimable consolatrice, lui prend la main, la serre dans la sienne, et l'âme oppressée, les yeux mouillés de larmes, ne peut que lui témoigner combien des sentimens exprimés d'une manière si touchante et avec tant de vérité, adoucissent l'amertume de ses chagrins. Ah ! félicitez-vous aussi, digne fille de Penthièvre, d'avoir un instant fait oublier à Marie-Antoinette l'injustice de ses implacables ennemis !

Si vivement affligée elle-même, la duchesse d'Orléans pouvait au moins verser ses cruels soucis dans le sein du prince son père ; elle pouvait puiser des forces et des adoucissemens dans les exemples et la conversation de ce prince que la calomnie qui ne respecta rien dans ces jours de vertige, fut cependant contrainte de respecter. Hélas ! au moment même où ce consolateur, ce soutien de sa vie, ce seul confident de ses cuisantes douleurs lui devenait le plus nécessaire, la mort le lui ravit.

Tous les genres d'épreuves lui étaient réservés. Mère tendre, ne vivant, ne respirant que pour ses enfans, elle se les voit enlever ; elle reste seule au milieu des ennemis de son roi, des ennemis de sa famille: tous les maux l'accablent. Ce palais d'où elle répandait journellement des largesses sur tant de malheureux, n'est plus sa demeure ; on la contraint de chercher un asile. Née avec une fortune immense, elle ne peut plus disposer de rien ; le pauvre dont elle était la consolatrice, l'implore aujourd'hui envain ; elle ne peut pas même lui donner l'obole de la veuve. La postérité voudra-t-elle croire qu'une princesse, l'image vivante d'un prince chéri de Louis XVI, béni par tous les malheureux, vénéré de tous les Français, qu'une princesse à qui les hommes corrompus ne reprochaient pas la plus légère faute, eût été si longtems et si cruellement persécutée ? Voilà pourtant le phénomène d'iniquité dont nous avons été témoins ; voilà à quel point, quand le petit peuple est appelé à la licence, la vertu est profanée. Enfin un exil indéfini couronna cette longue persécution.

Comment une princesse qui ne voyait que des rois au-dessus d'elle, comment la fille du duc de Penthièvre, comblée des faveurs de la fortune, a-t-elle pu endurer des privations, une adversité dont les plus grands courages seraient effrayés, abattus? La force de son âme, son héroïque résignation aux volontés du ciel, sa constante docilité à la voix de la religion descendue du ciel pour apprendre à supporter le fardeau de la vie, voilà qu'elles furent ses armes ; voilà ce qui lui a fait vaincre des obstacles contre lesquels les efforts de la philosophie humaine seraient impuissans. Mais si la vertu a ses épreuves, elle est sûre de sa récompense. La duchesse d'Orléans en jouit depuis son retour parmi nous. Tout ce qui pouvait satisfaire sa belle âme, lui est rendu ; elle peut encore ouvrir ses trésors à l'indigence; elle peut encore entendre ce concert de bénédictions qui autrefois retentissait autour d'elle, et qui ne cessera plus; elle jouit sans trouble, sans inquiétude pour l'avenir, de l'amour, de la reconnaissance des princes et des princesses ses enfans, qui lui composent un cortège auquel rien ne pourrait être comparé sur la terre, si la majesté royale et ceux qu'elle embellit de ses premiers rayons, n'étaient au-dessus de tout; elle jouit de la confiance de son roi, de la vénération de la première cour de l'Europe. Enfin, pour répéter ici ce que j'écrivais en 1795 (1), c'est-à-dire, à une époque où l'on ne pouvait dire la vérité que quand on était dans la très-prochaine disposition de la sceller de son sang, « ses malheurs si « peu mérités, sa résignation, sa douceur, « sa bienfaisance lui ont concilié la véné- « ration de ses contemporains, et lui vau- « dront l'estime de la postérité. »

---

(1) Dans un écrit dont l'histoire sans doute s'emparera, mais dont je ne dois pas rapporter le titre dans un moment où il mêlerait de trop tristes souvenirs à tant et de si glorieux sujets d'allégresse.

LOUISE-MARIE-THÉRÈSE-BATHILDE D'ORLÉANS,

Duchesse de Bourbon.

Cette princesse est fille du duc d'Orléans, mort à Ste.-Geneviève, dans les exercices d'une piété qui ne se démentit jamais, sœur du dernier duc d'Orléans, et tante du duc d'Orléans actuel. Si je la passais sous silence, le tableau que je viens de tracer de la maison d'Orléans, serait incomplet. D'un autre côté, si j'écoutais les préventions qui, par intervalles, s'élevèrent contre cette princesse, j'éprouverais quelque embarras à en parler. Mais d'abord, en rappelant les diverses paroles du Sauveur du monde, je pourrais dire : Que celui qui se croit sans reproche, jette la première pierre. Pourquoi tant d'indulgence pour soi-même, pour de véritables fautes, et tant de rigueur pour autrui, pour ce qui peut être excusé, et a été expié ?

Née avec une imagination vive et un véritable penchant vers la piété dont le prince son père lui avait donné l'exemple, il fut un tems où la duchesse de Bourbon copia mal son modèle. La faiblesse de ses lumières sur des principes pour lesquels il faut plus de docilité que de raisonnement, ne lui permit pas de voir que quand on quitte la route tracée par ceux qui avaient mission de la tracer, la piété même s'égare. Elle donna trop de confiance aux rêves peut-être séduisans d'une fille que des hommes d'un grand poids avaient proclamée prophétesse, à la doctrine subtile d'un chartreux qui avait intérêt à fausser sa propre conscience. Ce malheureux moine, ce faux apôtre faisait un mélange ridicule des folies politiques du jour avec les vérités saintes, immuables de la religion; il voulait qu'on regardât comme un second évangile émané de Dieu même cette déclaration des droits venue de l'autre monde. La prétendue prophétesse et lui troublèrent plus d'une conscience; et malheureusement il est des piéges où les consciences les plus timorées se laissent prendre. La duchesse de Bourbon ne sut pas s'en défendre; elle prit un moment pour une réforme salutaire, ce qui n'était que le signal de la destruction.

On voit que je ne dissimule pas les torts; mais d'ailleurs la sensibilité dont cette princesse est douée, le malheur même de ses liaisons, semblent appeler plutôt l'intérêt que le blâme. L'hospice qu'elle a fondé parlera à toutes les générations, de sa bonté, de sa munificence, de sa tendre compassion pour les malheureux. Combien de fois ne la vit-on pas, dans les plus beaux jours de sa fortune, soigner les malades, de ses propres mains ? Combien de fois ne la vit-on pas respirer, pendant des heures entières, l'air empesté qui s'exhalait du lit d'un mourant ? L'exercice d'une si touchante piété, racheterait de véritables fautes ; et ce sera à jamais une honte pour les hommes de la fin du 18e. siècle, qu'une princesse dont la fortune avait toujours été le patrimoine des pauvres, ait été réduite aux derniers excès de la pauvreté.

Il est encore à remarquer que quelle que fût, au commencement de nos troubles, son opinion sur les novateurs, elle garda pour elle seule cette opinion. Jamais, ni par ses discours, ni par ses actions, elle ne prit part aux changemens qui s'opérèrent. Elle suivait en silence les crises de la révolution, sans les approuver ni les encourager. On parle, il est vrai, d'une lettre qu'elle écrivit aux princes qui étaient sortis de France, pour les inviter à y rentrer. Cette lettre serait au plus une preuve d'imprévoyance, mais non de consentement aux manœuvres de ceux qui bouleversaient tout. Il faut d'ailleurs se reporter à l'époque où la princesse écrivit cette lettre. Ce fut en 1790, lorsqu'on fit venir à Paris avec beaucoup d'ostentation, de tous les coins de la France, des députés pour jurer fidélité à une constitution qui n'était pas encore née. C'est ce qu'on appela la fédération. Tous les esprits alors étaient montés à un degré d'effervescence dont ceux-là seulement qui en ont été témoins, peuvent se faire une idée. On alla s'imaginer (et que n'imaginait-on pas alors ?) que la présence des princes rendrait plus solennel et consoliderait l'acte auquel on se préparait. La duchesse de Bourbon était loin de croire que, sur sa simple invitation, les princes que de puissantes considérations avaient déterminés à s'éloigner, reviendraient. Mais sollicitée, pressée, importunée, elle se rendit enfin, par pure condescendance, sachant à merveille que cette démarche, qui dans le fond ne pouvait nuire à personne, serait sans effet.

On ne considère pas non plus assez que la princesse tenant par les liens du sang au chef que les factieux s'étaient donné, sa position commandait des ménagemens singulièrement difficiles. Elle voulut d'abord se dissimuler le but où il prétendait arriver ; et lorsqu'on prétendit le lui montrer : *Non*, répondit-elle, *je ne puis le croire ; il n'aime que son plaisir, que l'indépendance.* Cependant elle refusa constamment d'avoir avec lui aucune sorte de relation ; et je puis certifier que jusqu'à la mort de ce malheureux prince, elle ne le vit pas six fois dans tout le cours des orages révolutionnaires.

Quand elle ne put plus douter des projets criminels qu'il roulait dans sa tête, elle cessa absolument de le voir ; et quand devant elle, on prononçait son nom, elle témoignait sans détour et avec énergie, l'horreur que sa conduite lui inspirait. En 1793, il lui demanda avec de grandes instances, une entrevue. La princesse qui crut voir dans ces instances un commencement de repentir, consentit à le voir ; mais sachant ensuite qu'il avait à lui faire une proposition injurieuse pour la duchesse d'Orléans, elle retira sa parole, et ne le vit plus.

Vers le même tems, ne dissimulant aucune des connaissances de la révolution qu'elle avait d'abord mal jugée, elle se retira à Petit-Bourg, résolue d'y vivre dans l'obscurité, loin de ces hommes qui souillaient le sol français du sang le plus pur, et de n'avoir plus de commerce qu'avec le ciel. Là son unique souci fut de dérober aux yeux du peuple, ses actes journaliers de bienfaisance. Apprenant ensuite que les propriétés de ceux qui n'avaient jamais quitté la France n'étaient pas plus respectées que celles des émigrés, elle comprit que le tems n'était pas éloigné où cette mesure de spoliation générale la frapperait aussi; elle voulut du moins dérober aux déprédateurs publics le salaire des personnes attachées à son service; elle assura à tous, leurs gages, leurs pensions, fit pour cela un fond, se réserva pour elle-même une rente de vingt mille livres, et offrit à cette assemblée qu'on appelait convention nationale le reste de sa fortune, qui ne se montait à rien moins qu'à dix ou douze millions. L'assemblée qui savait qu'elle aurait tout quand elle voudrait tout avoir, passa dédaigneusement à l'ordre du jour sur cette offre.

A quoi servaient, dans ces tems malheureux, les précautions de sagesse ? On arracha la princesse de sa retraite; on l'enleva à la foule des malheureux dont elle était la bienfaitrice ; les privations auxquelles ils allaient être condamnés, l'affligèrent vivement : de tous les coups que lui portait l'injustice, celui-là lui fut le plus sensible. La perte de son rang, de sa fortune ne lui arracha pas une plainte ; mais elle versa des larmes sur les infortunés qu'elle ne pouvait plus consoler. Le mal, dans ces tems horribles, ne se faisait jamais à demi : la duchesse de Bourbon, la princesse qui comptait tant de rois parmi ses aïeux, eut d'abord pour demeure la maison de la Force, et fut traînée ensuite dans les prisons de Marseille. En un mot, par une combinaison digne des misérables qui avaient usurpé toute autorité, on n'oublia rien de ce qui pouvait aggraver ses maux. Ces indignes traitemens se terminèrent par un exil auquel la présence du roi a mis fin comme à tant d'autres calamités. Au sein de tant de souffrances et morales et physiques, la princesse ne fut soutenue que par sa piété ; elle puisa dans cette source les forces et les consolations que ne donneront jamais les vains raisonnemens des philosophes.

En considérant donc avec impartialité la vie de la duchesse de Bourbon, on conviendra tout au moins qu'il y a beaucoup à louer ; et ceux même qui voudraient trouver des fautes dans ses premières années, seront forcés de convenir que ces fautes, par le courage qui les a expiées, par le généreux oubli dans lequel la princesse a enseveli jusqu'aux noms de ceux dont elle aurait eu à se plaindre, sont pour elle de nouveaux, de glorieux titres qui lui assurent l'estime publique ; de sorte qu'encore aujourd'hui, on peut, comme je le faisais en 1795, lui appliquer ce vers :

Sa gloire en est plus belle et s'accroît tous les jours.

C'est à cette princesse que ce termine tout ce qu'il importe aux personnes qui n'en étaient pas instruites (1), de savoir sur la branche des Bourbons d'Orléans. On voit que cette branche ne dépare point, qu'elle contribue à embellir la tige royale qui l'a engendrée. Et à qui convient-il mieux qu'à un écrivain, de faire remarquer que les chefs de la maison d'Orléans, ont tous tenu à honneur de donner des preuves de munificence à ceux qui cultivent les lettres ou les sciences ? Les pensions à accorder aux savans et aux gens de lettres ont toujours été regardées, par ces princes, comme une partie nécessaire de la dépense de leur maison,

---

(1) L'absence du roi a été de si longue durée, et il y avait une telle difficulté sous ceux qui nous gouvernaient, à parler de son auguste maison, que les générations qui se sont élevées pendant ce long deuil, ignoraient ce que valent les Bourbons, et ce que nous leur devons.

ou plutôt comme une dette qu'elle devait acquitter envers ceux qui, par leurs travaux, contribuent au progrès des arts et des sciences. C'est aux hommes qui savent combien les bons ouvrages élèvent une nation au-dessus des autres nations, à apprécier ce genre de munificence.

LOUIS-JOSEPH DE BOURBON,

Prince de Condé.

Tant de héros ont jetté sur le nom de Condé une si grande illustration, que ce beau nom ne se présente jamais à la mémoire sans réveiller dans les cœurs tous les sentimens qu'inspirent les plus hautes vertus, les plus brillantes qualités; et parmi ces sentimens, les Français trouvent celui de la reconnaissance. Qui, en effet, a rendu plus de services, des services plus utiles à la patrie; qui a mieux assuré sa gloire et son indépendance au dehors; qui l'a couverte de plus de trophées, que les grands hommes du nom de Condé? Parcourez toutes les nations, où trouverez-vous une maison qui offre une telle succession, une succession non interrompue de héros? La

France seule la possède : et sous ce rapport, nous sommes un objet d'envie pour les puissances étrangères ; de sorte que la considération conquise dans l'univers entier par la maison de Condé, rejaillit sur nous tous, et nous pouvons tirer vanité d'appartenir à cette France qui compte aussi parmi ses enfans les Condé.

Le prince, chef aujourd'hui de cette noble maison, né le 9 avril 1736, courbé maintenant sous le poids des lauriers, peut se retracer avec orgueil la carrière qu'il a parcourue. Chaque pas qu'il y a fait a été marqué par un exploit. Dès ses plus jeunes ans, il y parut avec distinction ; l'histoire racontera avec quel succès il commanda dans la guerre de sept ans ; elle peindra à grands traits cette fameuse journée de Joanesberg, où le prince, averti que les Hanovriens se proposaient de lui faire perdre la position formidable qu'il avait prise près des salines de Friedberg (1), alla au devant d'eux,

---

(1) Dans la Hesse.

fondit sur eux avec la rapidité de l'aigle ; et après quatre heures d'un combat opiniâtre, les tailla en pièces, fit mettre bas les armes à un régiment anglais, prit à l'ennemi quinze pièces de canon, et lui fit quinze cents prisonniers.

Tel est le héros dont les fureurs révolutionnaires ont si longtems privé la France. Contraint, comme les autres princes, d'obéir au roi, il obéit en frémissant ; et nouveau Coriolan, en s'éloignant de sa malheureuse patrie, de cette patrie qui lui doit tant de reconnaissance, il pleura sur elle; mais plus grand que ce romain, il se borna à la plaindre, et résolut de ne plus combattre que pour lui rendre la paix et le bonheur ? Ce fut là l'objet de toutes ses conceptions, le but de toutes ses négociations, de tous ses travaux militaires. Aucune considération ne put lui faire abandonner ni même modifier le projet qu'il avait arrêté en lui-même, de rendre à notre antique monarchie tout son éclat. Il osa même résister à la seule autorité qui aurait pu le faire fléchir ; cette autorité, c'était celle du roi lui-même, celle de Louis XVI. Cet infortuné monarque en était réduit à la terrible alternative ou de ne plus vouloir que ce que voulaient les factieux, ou de voir couler à chaque refus, des torrens de sang. Ils imaginèrent d'exiger qu'il employât sa médiation auprès du prince de Condé, pour engager ce prince à déposer les armes, et à consentir aux bizarres innovations qui se renouvelaient chaque jour. Il fallut bien que Louis XVI souscrivît encore à cette folie ; il écrivit donc au prince de Condé, comme on entendait qu'il lui écrivît. On chargea de la lettre un avocat appelé Duverger ; on se flattait que son éloquence menerait à bien la négociation. Glorieux de l'opinion qu'on avait en lui, il eut la confiance de réussir. Il se presenta avec assurance devant le prince, et en fut reçu avec les égards dus à un homme, quelles que fussent sa conduite et ses opinions, qui avait l'honneur d'être porteur d'une lettre du roi ; mais lorsqu'il eut déployé longuement toutes les ressources de l'art oratoire, il reçut du prince cette réponse laconique : « Je périrai plutôt que de « consentir à l'avilissement du trône et à « la destruction de la monarchie ». Cette fierté chevaleresque qui dédaignait les longs discours, déconcerta l'homme du barreau ; elle étingnit son génie : il ne trouva point de réplique. L'orateur fut vaincu par le guerrier qui continua à combattre pour ce même trône qu'on l'exhortait à abandonner.

Ce fut en héros que le prince continua à combattre, déployant avec peu de moyens contre des forces supérieures, toutes les ressources d'un habile général, et s'exposant comme un simple soldat. A la bataille de Beirsteim qui eut lieu dans le mois d'octobre 1793, il chargea lui-même avec une intrépidité dont il y a peu d'exemples, à la tête du corps qu'il commandait. L'affaire fut extrêmement chaude ; le prince y courut de grands dangers, son fils, le duc de Bourbon, qui était à ses côtés, fut blessé à la main droite. Quoi de plus admirable ! j'oserai même dire, quoi de plus honorable pour la cause royale, que de voir l'héritier du grand Condé, dévouant sa personne et celle de son fils unique à la défense du trône !

Le prince, dans toutes les affaires qui eurent lieu sous son commandement, fit éclater la même intrépidité, la même ardeur à servir son roi, le même mépris pour le danger. Le 29 octobre 1796, à la bataille de Steindadt, un officier du génie fut tué entre lui et le duc de Berri... Mais il faut laisser à l'histoire le soin de recueillir tous les exploits de ce guerrier; elle seule peut les raconter dignement à la postérité qui, en rapprochant le héros de notre tems, doutera peut-être lequel des deux mérita mieux le surnom de grand. Je ferai seulement remarquer qu'il est incontestable que si le prince eût eu à sa disposition des troupes suffisantes, il eût hâté de beaucoup parmi nous le retour de l'ordre et de la prospérité ; mais il commandait plutôt un corps qu'une armée. Par un esprit de vertige bien déplorable, les souverains, ne comprenant pas qu'en combattant pour son roi, il combattait pour eux tous, l'abandonnaient à ses seules forces, c'est-à-dire à ces braves chevaliers français qui l'avaient suivi, troupe vaillante sans doute, mais dans laquelle la mort faisait journellement un vide qu'il n'était pas possible ensuite de remplir, tandis qu'on opposait au prince, des armées formidables, des armées fraîches et recrutées sans intervalle. Enfin, je ne sais quelle terreur panique succédant au vertige, on ordonna le licenciement du corps que commandait le prince; et ce héros affligé de se voir arracher la victoire des mains, alla dans la retraite gémir sur l'imprévoyance des monarques, et déplorer les malheurs de son pays.

Il est encore à remarquer à la gloire du prince de Condé, que dans les combats, il ne se fait pas seulement admirer par sa bravoure, il s'y fait encore chérir par son humanité, et nous donne ainsi une juste idée de ce qui constitue le héros; car celui-là seul qui est à-la-fois guerrier et humain en mérite le titre. Le héros en effet n'est pas celui qui renverse des murailles, qui incendie des villes, qui jonche un champ de bataille de cadavres, qui l'inonde de sang, qui, plus il immole de victimes, plus il en veut immoler; qui pouvant, presque sans effusion de sang, s'assurer de la victoire, aime mieux le faire couler par flots que de la retarder de quelques heures ; qui convertit en un désert les lieux où il passe ; qui écrâse de contributions exorbitantes et amis et ennemis; qui trompe ses alliés, insulte ceux qu'il égorge; qui, profitant de la terreur qu'il inspire, s'avance sans but de destruction en destruction, jusqu'à ce qu'enfin toutes les nations et ses propres soldats conspirent contre lui. Il faut laisser le stupide vulgaire admirer cet ange exterminateur (1) : le philosophe, le chrétien osent à peine lui donner le nom d'homme.

Le vrai héros est celui qui ne tire l'épée du fourreau que quand la justice et la nécessité le lui commandent ; qui n'a pour but, qui ne se propose que de conquérir une prompte et honorable paix ; qui adoucit par tous les moyens dont il peut disposer, les horreurs de la guerre ; qui n'exerce d'autres rigueurs que celles dont le salut de son armée lui impose la triste obligation ; qui prend pour cri de guerre, *honneur et bonne foi;* qui console les vaincus, adoucit le sort des prisonniers, et veille avec sollicitude sur les blessés ; qui non moins avare du sang de

---

(1) Nous l'avons vu cet ange exterminateur, et l'univers en a été épouvanté. Il disait froidement à un grenadier qui se mourait de ses blessures : « Eh quoi ! on est encore à « savoir qu'un régiment de grenadiers ne doit durer que « trois mois ! »

ses ennemis que de celui de ses soldats, n'expose point ceux-ci au hasard, et sauve ceux-là de l'épée du vainqueur, dès qu'ils avouent leur défaite.

Voilà le vrai héros, et tel est le prince de Condé ; il n'eût point pris les armes, si le trône et la monarchie n'eussent point été attaqués. Après une bataille, on le vit toujours donner sa première attention aux blessés du parti qui le combattait. Et qui peut dire combien ont été arrachés à la mort ou à des infirmités qui les eussent défigurés, par la promptitude et l'efficacité des secours qui leur étaient prodigués ? Les prisonniers qu'il faisait, s'étonnaient de recevoir, au lieu de reproches qu'ils attendaient, des témoignages d'un tendre intérêt ; et ces témoignages n'étaient pas vains, car le prince ne mettait aucune différence entr'eux et ses propres soldats, c'est-à-dire, qu'il les traitait avec une affection toute paternelle.

Cette conduite vraiment héroïque mérita d'autant plus d'être admirée, qu'on n'agissait pas de même dans le parti contraire. Il y régna d'abord une loi barbare qui défendait de faire des prisonniers, qui ordonnait de mettre à mort tout homme de l'armée de Condé que le sort mettait hors de combat ; et malheureusement cette loi barbare ne fut que trop longtems exécutée. Il y eut même tel général, j'ai honte de le dire, mais d'autres l'ont dit avant moi, et l'histoire le répétera ; il y eut tel général qui prit pour passe-tems de tuer de sa propre main les malheureux prisonniers qu'on lui amenait de l'armée de Condé. La conduite généreuse du prince ne fut pas perdue pour l'exemple ; elle lui valut une victoire bien au-dessus de celles qu'on remporte par la force des armes. Les généraux qu'on lui opposait, touchés de la continuité de ses excellens procédés et envers les blessés, et envers les prisonniers qui tombaient à son pouvoir, comprirent que puisque, comme lui, ils étaient Français, ils devaient comme lui respecter le malheur; ils rougirent d'une loi qui ne pouvait être en vigueur que parmi des cannibales; ils refusèrent absolument de la faire exécuter. Dans l'état en effet de civilisation où se trouvait l'Europe, était-ce à des Français, si renommés par leur urbanité, qu'il convenait de rappeler les mœurs des sauvages! De part et d'autre donc les droits sacrés de la guerre, et ceux plus sacrés encore de l'humanité furent respectés. Voilà ce que peut l'exemple d'un héros; voilà le plus beau triomphe que puisse remporter un guerrier, car celui-là n'est arrosé ni de larmes ni de sang; il fut sans doute bien doux pour le cœur du prince; et la postérité le regardera comme un de ses plus brillans titres de gloire.

Humain sur un champ de bataille, le prince de Condé a fait éclater parmi nous des traits de sensibilité qui nous ont ravis, que nous avons admirés; et certes il n'y avait pas lieu de s'en étonner, car le prince, pour se montrer bienfaisant, n'avait qu'à se laisser aller à ce penchant de bonté qui lui est commun avec tous les princes de son nom, avec tous les Bourbons. Quel est, en rentrant dans son palais, son premier soin ? Il veut revoir tous ses anciens serviteurs dont il n'a pas cessé, dit-il, d'être le père. On les lui amène, on les réunit autour de lui ; il leur adresse à tous des paroles affectueuses ; il en fait l'appel : un seul manque, le prince s'inquiète de son absence ; il veut qu'on lui en dise le motif. On lui répond que ce serviteur qu'il s'afflige de ne pas voir, est accablé d'années, d'infirmités, et que pour comble d'infortune, il est privé de la vue. Voilà, ajoute-t-on, ce qui l'empêche de se rendre auprès de son auguste maître. « Et n'importe, replique le prince; il ne « me verra pas, mais moi j'aurai le plaisir « de le voir ; qu'on me l'amène, je veux « qu'il soit à mes côtés. » Que de douces larmes ces paroles firent répandre à ceux qui les entendirent ! Et qui, en se les rappelant, ne serait ému, attendri jusqu'au fond du cœur ? Qu'y a-t-il de plus digne de l'amour, du respect des hommes, qu'un guerrier jouissant de la considération universelle, qui se rapproche avec cette douce affabilité, de ceux dont il accepte les services !

Quelques jours après, le prince apprend que la veuve d'un de ses anciens serviteurs, mère de plusieurs enfans, éprouve des besoins. Le prince n'envoie pas chez elle ; il s'y transporte lui-même. Le petit-fils du Grand-Condé entre dans le réduit de cette infortunée : elle a peine à en croire ses yeux ; elle se précipite à ses genoux, les arrose de ses larmes, et lui demande comment il est possible que sa bonté aille jusqu'à cet excès. « Eh !
« ma bonne et chère dame, lui répond
« le prince en la relevant, puisque vous
« ne venez pas chez moi, il faut bien
« que je vienne chez vous. J'étais l'ami
« de votre mari ; sa famille est la mienne ;

« je viens lui dire que j'en suis le père, « et que c'est à moi à en prendre soin. » Les largesses du prince accompagnèrent ces paroles obligeantes. Quand on est témoins de semblables traits, on se croit aux jours de Henri IV. Et comment ce bel art dont le plus noble objet est de peindre à nos yeux les actions qui font aimer la vertu; comment cet art qui a si longtems fatigué nos yeux des trophées sanglans du farouche ennemi de l'humanité, ne consacre-t-il pas sur la toile des scènes si propres à nourrir notre amour et notre reconnaissance? Ah! heureuse la nation qui peut s'énorgueillir de ne voir à sa tête que des chefs qui, tous distingués par d'éminens services envers la patrie, prêchent journellement l'amour de toutes les vertus dont la pratique fait le bonheur des familles comme de la société entière! Puisse cette nation connaître tout le prix de cet avantage, et sur-tout qu'elle sache en jouir longtems!

Parmi ces vertus dont nous voyons

aujourd'hui le modèle dans les plus hauts rangs, félicitons-nous de compter le respect pour la religion de nos pères, pour cette religion divine qui, plus elle sera florissante parmi nous, et plus elle aura de force pour empêcher le retour des maux que nous n'avons soufferts que parce qu'elle était méconnue, abandonnée, outragée. Ici j'en appelle à ceux qui furent témoins de la piété du prince de Condé dans une occasion solennelle, dans une occasion qui se renouvelle chaque année, et que depuis la naissance de nos troubles, on avait voulu nous faire oublier? La pompe la plus sacrée, la pompe religieuse s'avance lentement ; elle arrive devant le Palais-Bourbon. Le prince accourt du fond de son palais, suivi de son fils ; l'un et l'autre se prosternent à deux genoux, et dans l'attitude la plus humble adorent le Dieu de Saint Louis. Ils se relèvent ensuite, et mêlés au peuple, sans suite, sans faste, ils accompagnent la divine hostie avec un religieux recueillement dont les anges eux-mêmes qui, invisiblement, faisaient aussi partie du pieux cortège, furent sans doute ravis, édifiés. Quel doux sentiment fit entrer dans les cœurs, que de larmes d'attendrissement fit couler cet hommage à la religion! comme elle parut belle dans ce moment! quel triomphe pour elle! quelle victorieuse réponse à l'impiété! comme chacun était ému! Il n'y eut personne dans cette foule immense réunie par la sainteté de la cérémonie, qui ne se sentît raffermi dans sa croyance, et qui ne demandât au ciel toutes ses bénédictions pour les deux princes. Tel est le pouvoir de l'exemple quand il vient de haut; il rend plus vertueux ceux qui le reçoivent, et plus heureux celui qui le donne.

On eut, sous le règne de Louis XV, une preuve de cette vérité, qui ne sera jamais oubliée. Ce bon prince allait tenir un lit de justice dans son parlement. On savait quel était l'objet, et on connaissait d'avance quel serait le sésultat de la séance. Le peuple qu'on égare si facilement, avait été indisposé contre la démarche du monarque; il témoigna son mécontentement par le profond et morne silence qu'il garda dans tous les quartiers que le roi traversa. Ce silence, qui avait quelque chose de lugubre, continua lorsque le prince quitta le palais. Parvenu vers le milieu du Pont-Neuf, Louis XV fut averti par le bruit d'une sonnette, qu'un prêtre portait à un mourant le sacrement de nos autels. Aussitôt, quoiqu'il tombât une pluie abondante, il ordonne d'arrêter et se précipite hors de la voiture. On lui présente un carreau; il le repousse, fléchit les deux genoux, adore la sainte hostie et reçoit la bénédiction du prêtre avec le plus grand recueillement. Au même instant, tous les cœurs sont changés, tous les cœurs reviennent à lui; l'air ne cesse de retentir du cri répété par toutes les bouches: *vive le roi! vive le petit-fils de St. Louis!* On trouverait encore aujourd'hui des témoins de cette espèce de prodige, qui prouve avec évidence toute la force que la religion donne au lien qui unit les sujets au roi, et le roi aux sujets. Ici elle rattacha le peuple à son souverain, et apprit à tous les monarques que le moyen le plus sûr pour eux de s'assurer la fidélité de ceux qu'ils gouvernent, c'est de se montrer eux-mêmes fidèles à celui qui règne sur les rois comme sur les sujets. Il y a donc tout à attendre pour la réformation des mœurs, aujourd'hui que cette vérité importante est comprise et mise en pratique par des princes issus comme Louis XV du sang de Saint Louis.

En me livrant, au reste, à ce petit nombre de détails sur le chef de la maison de Condé, je n'ai eu d'autre objet que de peindre ma profonde vénération, comme celle de tous les Français, pour la grande âme, pour les éminentes et aimables qualités d'un prince dont toute la vie a été une leçon de fidélité au roi, et une suite de services rendus à l'état. J'ai peu dit, sans doute; mais l'histoire dira le reste : c'est à elle seule qu'il appartient de peindre dignement le héros qui mérite de nous tous un juste tribut de vénération.

LOUIS-HENRI-PIERRE DE BOURBON-CONDÉ,

Duc de Bourbon.

Ce prince, fils unique du prince de Condé, naquit en 1756. Son berceau fut ombragé par les lauriers que ses aïeux avaient moissonnés dans les combats. Il respira au milieu des trophées conquis par leurs travaux et leur sang. Ses premiers regards se portèrent sur la longue suite de guerriers qui lui transmettaient leur nom, sur la foule de tableaux qui représentaient les glorieux services qu'ils avaient rendus à la France. Dès qu'il put interroger l'histoire, sa mémoire s'orna du récit des brillans exploits qui avaient illustré les princes du nom de Condé. Tout parlait à ses yeux et à son âme, de la gloire qu'ils avaient imprimée à ce beau nom. Tout lui disait qu'il était à son tour dépositaire de cette gloire. Comment, dès son bas âge, n'aurait-il pas été brûlé de la noble émulation d'y ajouter? Un enfant ainsi favorisé du ciel dès sa naissance, un enfant qui, dès sa naissance, ne voit, n'entend autour de lui que ce qui élève le cœur, que ce qui ennoblit les pensées, ne peut jamais être un homme ordinaire. Enfin, élevé sous les yeux d'un héros, comment le duc de Bourbon ne serait-il pas lui-même un héros? Aussi ce prince est-il la fidèle image de son auguste père. C'est le même zèle pour les intérêts du monarque, la même passion pour le bonheur de la France, le même desir d'ajouter à l'honneur de ses armes, à l'honneur du nom français, la même sensibilité pour l'infortune, le même respect pour la religion, la même affabilité envers tous, la même affection envers ceux dont les services sont acceptés, la même présence d'esprit la même bravoure dans les combats.

Que de preuves le prince n'a-t-il pas données de cette bravoure ? combien de fois ne le vit-on pas sur les traces du héros qui lui donna la vie, courir aux postes les plus périlleux, se précipiter au milieu des phalanges ennemies, les étonner par son intrépidité, et, indifférent sur ses propres dangers, ne craindre que pour les jours du chef magnanime dont il suivait tous les pas. Avec quel attendrissement ne le vit-on pas dans plus d'un combat, opposer son corps aux traits qui menaçaient une tête aussi précieuse pour lui, et non moins précieuse pour l'état ? J'ai parlé de la blessure qu'il a reçue à la bataille de Berstheim. Dans plus d'une autre rencontre son sang coula également pour le service de son roi et de son pays. Il en était prodigue ainsi que l'ont toujours été les princes de sa maison. On en eut une preuve bien touchante dans cette mémorable bataille de Bercheim, qui eut lieu le 3 décembre 1793. Je dis mémorable, non-seulement parce que le duc de Bourbon y fut de nouveau blessé, mais encore parce qu'on y vit un de ces dévouemens qui semblent surpasser les forces humaines. Le prince de Condé, en effet, exposa au sort de la bataille, et sa personne et celle du duc de Bourbon son fils, et celle même du duc d'Enghien son petit-fils. On parle de Codrus, de Décius, de héros qui se sont dévoués pour leur pays, mais se dévouer soi et toute sa postérité, il me semble que l'héroïsme ne peut monter plus haut; il me semble que la fidélité au prince, que l'amour de la patrie ne peuvent rien produire de plus grand. Et, certes, prendre part à cette bataille de Bercheim, c'était pour les trois princes un véritable dévouement; car, outre qu'elle fut très-meurtrière, on sait que les efforts de ceux qu'ils avaient en tête tendaient à s'emparer de leurs augustes personnes; et l'on sait de plus qu'à cette époque la loi qui voulait qu'on immolât tous les prisonniers, recevait encore son exécution. Dans ce tems de délire, quel triomphe pour les féroces dominateurs du jour, d'éteindre dans le sang, d'un seul coup, toute l'illustre race de Condé!...... On frémit, on n'ose s'arrêter à cette horrible pensée! Ah! grâces soient mille fois rendues à la Providence, d'avoir préservé le roi et la France de cet épouvantable malheur!

LOUIS-ANTOINE-HENRI DE BOURBON-CONDÉ.

Duc d'Enghien, né à Chantilly, le 2 août 1772.

Hélas ! cependant, à quoi nous a-t-on réduits ? à regretter que le jeune et vaillant duc d'Enghien n'ait pas péri dans cette même bataille de Bercheim. Il était si digne de mourir de la mort de Turenne ! Comment se fait-il que des Français se soient rendus complices d'un attentat qui fera reculer d'épouvante la postérité ? Comment se fait-il que la candeur du prince, que la douceur de ses mœurs, que l'affabilité de ses manières, que les lauriers qui ceignaient son front, que sa jeunesse, que le sang qui coulait dans ses veines, n'aient excité dans des cœurs français ni vénération, ni intérêt, ni attendrissement, ni même de pitié ? Le barbare qui ordonna ce lâche attentat, n'eût-il que ce forfait à se reprocher, c'en serait assez pour lui valoir l'exécration de tous les siècles.

Qui de nous l'oubliera jamais cette fatale journée où tout-à-coup un bruit sourd se répandit que le duc d'Enghien, que le dernier rejeton de tant de héros, l'honneur de la France, avait été traitreusement mis à mort ? On quittait ses foyers, on se répandait dans les rues, on s'abordait sans se connaître, on s'interrogeait, on se serrait les mains, on laissait couler ses larmes. Dans ce terrible moment, tous les Français étaient frères, étaient amis. Chacun croyait avoir perdu un frère, un ami. Jamais, depuis la mort de Louis XVI, semblable consternation n'avait régné sur la capitale, sur la France entière : le deuil était général ; et ce deuil universel, indépendamment de tant d'autres preuves, montre avec quelle force l'amour pour les Bourbons régnait dans presque tous les cœurs. Dès cet instant aussi, les vœux pour leur retour redoublèrent ; dès cet instant, l'horreur qu'inspirait celui qu'on voyait à leur place, parvint à son comble, au point que bien des gens fuyaient son aspect et craignaient même de se trouver sur son passage. On le fuyait comme un ennemi implacable de cette France qui n'a jamais pu supporter et qui ne supportera jamais la domination d'un étranger. La terreur qui l'entourait arrêtait seule l'explosion de la haine qu'on lui portait.

A Dieu ne plaise que j'insiste sur une des plus douloureuses plaies que notre révolution ait faite à la France ! Laissons à l'histoire le pénible soin de peindre cette lamentable aventure : je raconterai seulement une anecdote que je ne crois pas fort connue, et dont j'atteste la vérité avec d'autant plus d'assurance, que parmi ceux qui en ont été témoins, il en est qui existent encore.

Le duc d'Enghien, dans sa première jeunesse, avait auprès de sa personne, comme cela se pratiquait à l'égard de nos princes, de jeunes gentilshommes pour l'accompagner, pour être de ses amusemens, et lui composer une société intime. Un de ces gentilshommes était de son choix; le prince lui portait une affection toute particulière; il se déclarait en toute rencontre, non pas son protecteur, son bienfaiteur, mais son ami, son ami intime; en public comme en particulier, il ne l'appelait que mon ami. Il lui annonçait souvent que dès qu'il serait maître de ses actions, il lui ferait une fortune brillante, il ne se séparerait jamais de lui. C'était donc une bien belle âme que celle de ce prince qui d'aussi bonne heure connaissait le prix, les douceurs de l'amitié. Continuons : si le prince n'avait que d'excellens procédés pour le jeune gentilhomme, celui-ci n'en recevait pas d'aussi aimables de ses camarades; il était continuellement l'objet de leurs plaisanteries, soit que sa manière d'être prêtât au ridicule, soit que ce soit une loi invariable dans toute réunion de jeunes gens, qu'il y en ait toujours un aux dépens duquel les autres s'amusent. Enfin un soir qu'il se préparait un bal brillant au palais de Condé, le duc d'Enghien arrive suivi des jeunes gentilhommes qui composaient sa suite. Entrés dans la salle, ceux-ci reviennent à leur vieille habitude, et n'épargnent pas le protégé. Le prince qui s'en aperçoit, leur dit avec effusion de cœur : « Messieurs, je vous demande « comme le plus grand plaisir que vous « puissiez me faire, d'épargner N***.; « il est mon ami, mon ami particulier. « Vous me feriez beaucoup de peine si « vous ne m'accordiez pas ce que je vous « demande. » Il n'est pas besoin de dire que l'aimable volonté du prince fût respectée.

Lorsqu'ensuite le duc d'Enghien, obéissant à l'ordre du prince son père, du chef de sa maison, du roi, *l'ami particulier* ne le suivit point. L'amitié va-t-elle jusqu'à partager la mauvaise comme la bonne fortune d'un bienfaiteur ? Et ne faut-il pas qu'Ovide ait raison ?

Donec eris felix, multos numerabis amicos;
Tempora si fuerint nubila, solus eris.

Cela se conçoit donc jusqu'à un certain point ; mais ce qu'heureusement pour nos mœurs, il est infiniment douloureux de concevoir, c'est que ce fut ce même *ami particulier* qui reçut l'ordre infernal, d'enlever contre le droit des gens, de l'amitié, de la reconnaissance, l'infortuné duc d'Enghien ; c'est qu'il n'eut ni le courage de désobéir à l'ordre, ni l'attention de prévenir le prince de se mettre en sûreté. Et l'on ne sait que trop le monstrueux forfait qu'enfanta la docilité de l'ingrat N***. Aussi a-t-il acquis depuis généralement le surnom de Judas ; on ne dit plus N***., mais Judas N***.

Si je ne craignais de rendre cette anecdote plus inconcevable encore, j'ajouterais, mais sans le certifier, qu'à quelque tems delà, celui qui avait donné

l'ordre, dit à N***. : « Vous connaissiez
« le duc d'Enghien ?... Oui... Vous étiez
« attaché à lui dès votre enfance ?...
« Oui... Vous étiez son protégé ?... Oui...
« Il était votre bienfaiteur ?... Oui... Il
« vous avait promis, il s'était chargé de
« faire votre fortune ?... Oui... Eh bien,
« je savais tout cela ; et c'est parce que
« je le savais, que je vous ai chargé de
« la commission que vous avez remplie. »
Si cette conversation a eu lieu en effet,
elle est une preuve de plus de ce machiavélique système qui consistait à avilir certaines gens, afin qu'ils ne fussent plus considérables dans aucun parti, afin qu'ils fussent méprisés de tous, et contraints de renoncer à servir tout autre que celui qui les avait ainsi entachées.

LOUISE ADÉLAIDE,

Princesse de Condé, fille du prince de Condé, née le 5 octobre 1757, abbesse de Remiremont en 1786.

Ai-je tout dit sur cette illustre race de Condé, sur cette race de héros, modèle de loyauté, de bonté, comme de bravoure ? non. J'aurais encore à parler d'une princesse, l'honneur de son auguste famille, comme son auguste famille est l'honneur de la France. Mais quel homme pourrait en parler dignement ? Il n'appartient qu'aux anges de nous révéler tout le mérite d'un ange. Il n'appartient qu'aux anges qui ont marqué la place de cette princesse entre Louise et Élisabeth, de nous apprendre tout ce qu'il y a de bonté, de candeur, de douceur, de perfection dans cette âme toute céleste.

Tout s'agite autour d'elle ; l'impie multiplie ses conquêtes, des doctrines pestilentielles prennent la place de la vérité, les maux se corrompent, elle gémit, elle s'effraye des maux qui se préparent; elle renonce à toutes les pompes de son rang, à toutes les illusions de l'âge, aux magnifiques avantages que lui promet sa naissance ; elle se réfugie dans le sein de la divinité, seul asile digne d'elle. Tout se trouble en France; le trône est menacé, attaqué, ébranlé. Qui sauvera la monarchie ? Sont-ce ces valeureux guerriers qui, sur les pas de Condé, courent à sa défense ? non. Ici l'épée sera impuissante : c'est le ciel qu'il faut désarmer. Il faut une autre héroïsme que celui des armes. C'est l'héroïsme de la piété qui seul peut sauver la France, et relever le trône des Bourbons. Sans cesse prosternée au pied des autels, la princesse de Condé invoque le Dieu des armées pour son pays, pour son roi, pour sa famille. Les esprits bienheureux reçoivent ses vœux, et les déposent au pied du trône de l'éternel. Ces vœux qui partent d'un cœur si pur, ces vœux d'une vierge qui, pour fléchir le suprême vengeur des crimes de la terre, s'est condamnée aux plus pénibles sacrifices, ces vœux mêlés à ceux de Louis, d'Élisabeth, de Clotilde, de Louise, obtiendront la victoire que tous les rois de l'Europe, que les armées les plus formidables n'eussent pas obtenue. Et est-il permis d'en douter, quand un cri général atteste que notre salut vient d'en haut ? Ne demandez donc plus à quoi sert la piété ? Pouvez-vous le demander, quand vous savez de Dieu même, qu'un seul juste eût sauvé une ville excessivement criminelle ? A quoi sert la piété ? Demandez plutôt à quoi sert de lier le ciel à la terre. Demandez à quoi sert cette source d'où découlent sur nous la rosée et les bénédictions. La piété a une force que n'a aucun moyen humain. La piété fait entendre une voix à laquelle le ciel n'est jamais sourd. La piété est le premier besoin des empires : et malheur aux empires qui n'en seraient pas convaincus. Pourquoi donc cette répugnance à admettre de nouveau parmi nous ces pieux cénobites dont tous les instans étaient consacrés, dont tous les exercices avaient pour but de solliciter les faveurs du ciel pour cette malheureuse terre ? Qu'y avait-il de plus beau, de plus consolant que ce concert de louanges qui continuellement, qui à tous les momens de la nuit comme du jour, s'élevait vers les demeures célestes ? Qu'y avait-il de plus utile, de plus nécessaire, que ces saintes réunions occupées sans cesse à appaiser la justice divine, qui sans cesse plaçaient l'expiation à côté de l'offense ? Vous voulez des intercesseurs auprès de votre roi, et vous demandez à quoi servent ces sociétés d'intercesseurs auprès du roi des rois.

Ah ! continuez, vertueuse princesse, à protéger de votre piété et cette France que l'oubli des devoirs religieux à rendue si longtems malheureuse, et ce trône antique que l'héroïque bonté du roi martyr fait briller d'un nouvel éclat, et cette famille de héros qui vous compte avec gloire pour un de ses plus précieux ornemens. Et c'est dans les murs d'un palais, c'est au sein de la grandeur, c'est au milieu de toutes les séductions d'une riche et brillante fortune, que s'est formée une vertu si modeste, si pure ? Quelle leçon pour les hommes d'une condition ordinaire ! Quelle consolation pour les âmes religieuses ! Quelle force donnée aux vérités de la religion ! Quels nobles, quels sublimes exemples nous avons vus dans ces derniers tems, dans ces momens malheureux où il semblait que l'incrédulité allait infecter de son poison destructeur toutes les classes de la société ! Et remarquez que c'est de la cour, de la famille de St.-Louis que sont sortis ces exemples. Nous avons vu une princesse d'une santé délicate, adorée de son auguste père, passer des marches du trône dans le fond d'un cloître, s'y vouer à la vie des anachorètes, à la vie la plus austère. Nous avons vu une autre princesse sœur du roi qui nous gouverne aujourd'hui, mériter sur le trône que l'église lui dresse des autels. Nous avons vu l'ange Élisabeth sœur également de notre roi, résolu d'abord fortement de préférer aux délices de la cour, les rigueurs d'un cloître, et obligée de renoncer à ce projet, quand ces saints asiles furent profanés et renversés, s'ensevelir dans une ténébreuse prison, pour partager l'infortune si peu méritée de son auguste frère, pour verser dans ce cœur royal les seules consolations dont il pût être susceptible, pour mourir enfin martyr de la piété fraternelle. Aujourd'hui nous voyons mademoiselle de Condé marcher sans se rebuter, sur des traces si difficiles à suivre ; nous voyons cette princesse qui pouvait choisir entre tant de couronnes, préférer celle qui, à la vérité est immortelle, mais aussi qu'on n'obtient que par des sacrifices qu'on croirait au-dessus des forces humaines,

J'interroge tous les sectaires ; j'interroge tous les philosophes ; je leur demande : Est-ce votre doctrine qui peut transformer ainsi en anges, des créatures humaines ? non : il n'y a qu'une religion toute divine, qu'une religion descendue du ciel, qui puisse opérer ce prodige.

C'est par ces détails sur la maison de Condé, détails qu'il serait superflu d'étendre, que je termine le tableau des vertus, des exploits, des services qui distinguent d'une manière si honorable, les princes du nom de Bourbon ; et c'est le terminer glorieusement. Venons aux conséquences.

CONCLUSION.

En repassant en moi-même l'écrit qu'on vient de lire, j'ai été vivement frappé d'une première vérité qui, si elle a déja été aperçue, n'a du moins, à ce que je crois, pas encore été présentée. C'est qu'en France, les rois ont tout fait pour la nation. Sans revenir sur les détails qu'on a lus dans le cours de cet ouvrage, il me suffit de dire : passez en revue tous les monumens de grandeur, de gloire, d'utilité, d'agrément qui couvrent le sol de la France, à qui la France le doit-elle ? A ses rois. Pour ne parler ici que de cette bibliothèque si justement appellée bibliothèque du roi, et dont Paris s'enorgueillit avec tant de raison, l'univers entier offre-t-il rien de semblable ? Eh bien, qui l'a fondée, qui l'a créée ? qui l'a enrichie successivement de nouveaux trésors ? nos rois. Soyez de bonne foi : lisez avec impartialité l'histoire des rois de France, et principalement de ceux du nom de Bourbon, et vous serez convaincu qu'il y a toujours eu entr'eux une véritable émulation à qui acquerrait plus de titres à la reconnaissance des Français, c'est-à-dire, qu'il est arrivé constamment que le dernier monté sur le trône, s'est attaché soit à améliorer le bien qui avait été fait par son prédécesseur, soit à y ajouter ; c'est-à-dire que c'est un système suivi par les rois de France et jamais interrompu, de porter la nation au plus haut degré de prospérité.

Mais, dira-t-on, avec quels deniers les roi de France ont-ils opéré tant de merveilles ? Certes, c'est un grand mérite pour eux, et un grand motif de reconnaissance pour nous, que ce sage emploi des deniers publics. Ensuite il ne faut pas oublier que les Bourbons, par exemple, avant d'arriver au trône, étaient personnellement riches de puissans domaines ; et c'est par le noble usage qu'ils ont fait sur le trône, de leur fortune personnelle, que cette fortune a fait partie des richesses nationales ; car ils ont toujours employé leurs trésors, de quelque part qu'ils vinssent, non à leur avantage exclusif, mais à l'avantage de la nation. Il ne faut pas oublier non plus de combien les revenus publics se sont accrus par l'adjonction de tant de belles, de tant de fertiles provinces. Une seule d'entr'elles, la Lorraine, qui a été acquise sans qu'il en ait couté ni augmentation de subsides ni une goutte de sang, composait un état qui se suffisait à lui-même. A qui devons-nous cette adjonction, cet accroissement de fortune et de puissance ? n'est-ce pas à nos rois ?

Dites-moi maintenant ce qui est arrivé à la nation, quand nos rois ont été empêchés de la gouverner. Les trois premières assemblées ne disposaient-elles pas à leur gré non-seulement de toute la fortune publique, mais encore de celle du clergé séculier et régulier, mais encore de celle d'un nombre incalculable d'individus, les uns forcés de s'expatrier, les autres frappés de mort et de confiscation, mais encore de tous les trésors amassés depuis une longue suite de siècles, dans nos églises, dans nos monastères, dans les palais de nos rois? Eh bien, où sont les monumens de ce tems? Je vois nos places vides. On y élevait au lieu des chefs-d'œuvres qui les ornaient, des statues de plâtre, d'argile, de boue, des colosses hideux qu'un coup de vent abattait. Ils ne surent même pas mettre à profit, l'idée qu'ils conçurent dans leur délire, de couvrir la France d'arbres qu'ils appelèrent arbres de la liberté. Les plantations furent si mal faites, qu'aucun de ces arbres n'existe aujourd'hui. Supposez à leur place des ormes, la France aurait au moins une forêt qui serait pour elle une véritable richesse. Je vois des chemins, les uns négligés, les autres impraticables. Je vois dans toutes les villes, des temples dont on vantait l'architecture, embarrasser le sol, de leurs ruines. Je vois les chantiers sans ouvriers, les ports sans vaisseaux. Je vois le commerce sans activité, pleurer la perte de ses établissemens. Je cherche cette précieuse bibliothèque de l'abbaye St.-Germain des prés. Hélas ! elle n'est plus. Les flâmmes l'ont dévorée, *de peur*, comme le disait dans la tribune d'une de ces assemblées, un vandale qui vit encore, *de peur que la France ne devînt une nation de papier.* Qu'est devenue cette superbe avenue de Versailles, qui faisait l'étonnement des étrangers ? La hache l'a abattue. Le château lui-même, cette création imposante d'un grand roi, fut abandonné à la faulx du tems; il devenait le repaire d'animaux immondes qui rongeaient ses fondations.

Ne nous le dissimulons donc pas : la nation française, élevée à un si haut degré de civilisation, de grandeur, de force, de puissance, n'y est montée qu'à l'aide de ses rois. Sous tout autre gouvernement, elle descendra au lieu de s'élever ; elle sera humiliée, misérable. Ses cinq directeurs et celui qui les a suivis ne l'ont pas mieux gouvernée que les trois premières assemblées. Par elle-même, elle ne saurait se gouverner, elle ne saurait rien faire pour son bonheur ; le génie qui lui est propre, ne le lui permet pas. Et voilà d'où viennent tant d'insipides histoires de France. Comment donner de l'intérêt à l'histoire d'une nation qui n'a jamais rien fait ni par elle-même, ni pour elle-même ? Il faut absolument se borner à l'histoire de ses rois. Voilà encore ce qui constitue une différence essentielle entre la France et une nation voisine, différence qui n'a pas été remarquée. En Angleterre, les rois font tout pour eux, et la nation tout pour elle-même. Voyez dans ce moment avec quelle sollicitude le roi de la Grande-Bretagne travaille à agrandir son électorat d'Hanovre, c'est-à-dire sa puissance personnelle. Voyez d'autre part avec quelle impassibilité la nation contemple cet agrandissement qui lui importe peu. Mais s'il survient une circonstance, un évènement qui intéresse la nation entière, s'il s'agit d'équiper des flottes, de résister à un aggresseur, de multiplier les bénéfices du commerce, de donner du crédit aux effets public, d'honorer avec munificence un négociateur, un guerrier, un grand homme, quelle que soit sa profession, alors la nation entière sera en mouvement.

Restons donc, soyons ce que nous devons être ; jouissons avec reconnaissance des bienfaits dont nos rois ont couvert notre patrie, et renonçons à jamais à l'idée qui a failli nous perdre, que la France pouvait se gouverner elle-même.

Une seconde vérité qui se déduit des faits contenus dans cet écrit, c'est que la France ne peut être heureuse qu'avec une constitution monarchique. Il y en a d'abord une raison commune à tous les peuples. Considérez en effet que tous les peuples ont commencé et fini par le gouvernement d'un seul. Telle est la marche invariable des sociétés humaines. Je défie qu'on cite un exemple du contraire. S'il existe aujourd'hui dans le monde une république, soyez sûr qu'elle finira tôt ou tard par passer sous la domination d'un seul, car c'est ce qui est toujours arrivé à tout état qui n'était pas monarchique ; Vénise elle-même n'a pu se soustraire à cette loi. Je n'insiste pas sur cette vérité de fait, parce que je l'ai suffisamment développée dans le discours qui précède mon histoire de la révolution, et je l'y ai démontrée par des argumens que je crois invincibles, car on n'y a jamais répondu, dans le tems même où le système républicain était si fort en vogue. Que la France reste donc ce qu'elle était à sa naissance, et ce que, quelqu'effort qu'elle fît, une force invincible la contraindrait d'être.

Indépendamment de cette première vérité, il en est une particulière à la France. La gloire qui lui est propre lui fait repousser invinciblement toute domination qui n'est pas celle d'un seul. Les formes démocratiques la tuent ; les formes monarchiques la conservent. Il n'y a pas de milieu : il faut être gouverné ou par un seul, ou par plusieurs. Or le gouvernement de plusieurs a toujours été funeste à notre patrie. Cela est si vrai que tous les maux qui l'ont affligée, lui sont venus, non, quoiqu'on en dise, du trône, non de la cour, mais du sein d'une assemblée. Nos dissensions, nos discordes, nos guerres civiles, nos révolutions sont toutes nées au sein d'une assemblée. Je parle ici aux personnes instruites, aux personnes qui connaissent notre histoire : elles ne me contrediront pas, et me dispenseront de démontrer ce qui est l'évidence même. Toutes les fois que, par des circonstances malheureuses, l'autorité royale a eu à lutter contre une assemblée, l'autorité royale s'est affaiblie, la constitution s'est altérée, les bases de la société ont été ébranlées. Et voilà pourquoi les hommes sages et éclairés s'alarmèrent de la tentative que fit un ministre de Louis XVI, étranger à nos mœurs comme à notre nation, comme à notre religion, pour créer dans chaque province une assemblée. Le ministre avait-il une vue ultérieure? Ce qui est sûr, c'est que toute sa conduite prouve qu'il avait la tête imprégnée d'idées républicaines : ce qui est sûr encore, c'est que le Mémoire qu'il publia à ce sujet fut composé par des gens de lettres, ennemis ardens et trop inconsidérés de toute constitution monarchique, par des hommes à qui les études de leur cabinet n'avaient pas appris ce que comporte, ce que rejette le génie de notre nation.

Si je demande maintenant à quelle époque la France a été plus respectée au dehors, plus florissante au dedans; chacun me répond : Sous Louis XIV. Or, sous

Louis XIV, la France ne fut gouvernée ni par ce qu'on appelait les pays d'état, ni par les parlemens. Ce grand roi écoutait tout, voyait tout et dirigeait tout. C'était toujours lui qui donnait l'impulsion.

Enfin, après la nouvelle expérience que nous avons faite de ce que peuvent parmi nous les formes démocratiques, après ce qui a suivi les deux assemblées de notables, et les trois assemblées qui se sont dites nationales, je crois qu'il faudrait être ou aveuglé par la prévention, ou fort mauvais citoyen pour continuer à penser que la France puisse être bien gouvernée par une autre autorité que par celle d'un roi : j'ajouterai que le génie de la nation répuge tellement à ce qu'elle soit gouvernée par plusieurs, qu'elle a suporté avec plus de patience la domination du despote le plus absolu, qu'elle n'avait supporté celle de ses trois consuls, celle de ses cinq directeurs, et sur-tout celle de ses trois assemblées. Pourquoi ? parce que la domination du despote la débarrassait enfin de toutes les institutions démocratiques. Et c'est ce qui explique comment tant de Français se jetèrent dans les bras de l'étranger. Ils crurent la patrie sauvée parce qu'elle avait abjuré le gouvernement de plusieurs ; et pour que ce gouvernement ne reparût plus, ils s'attachèrent à cet étranger. Son despotisme devenant de plus en plus odieux, sa tyrannie devenant insupportable, la France le rejeta, et d'une voix presque unanime redemanda, non ses consuls, non ses directeurs, non ses assemblées, mais un roi. Elle a ainsi démontré elle-même jusqu'à l'évidence, que la constitution monarchique était la seule qui lui convînt. Nous la possédons enfin : que tous nos vœux donc, que tous nos efforts tendent à l'affermir, à rendre inébranlable le trône d'où se sont écoulées sur la France, depuis tant de siècles, toutes les sortes de prospérités.

Enfin une troisième et dernière vérité

sort des faits exposés dans cet écrit, c'est que la France ne peut être gouvernée avec sûreté et avec succès que par son roi légitime, c'est-à-dire que par le roi qui appartient de plus près, par le sang, au roi son prédécesseur. Enfantez tous les systêmes possibles, livrez-vous à toutes les sortes d'hypothèses, supposez qui vous voudrez à la place de votre roi légitime, vous n'empêcherez jamais qu'il n'y ait au dedans un foyer de dissensions qui causera des déchiremens continuels, et qui finira tôt ou tard par causer une explosion épouvantable. Vous n'empêcherez jamais qu'il n'y ait au dehors des prétentions, des mouvemens d'ambition, d'inquiétude qui, tantôt sourdement, tantôt à force ouverte, mineront le gouvernement de l'intrus. Vous voyez bien, en effet, qu'il y aura toujours dans l'intérieur un parti pour le roi légitime, et que ce parti se repliera dans tous les sens pour briser la nouvelle autorité. Vous voyez bien qu'au dehors la seule jalousie portera à tirer parti des divisions domestiques. Ainsi toujours trouble au dedans et crainte pour le dehors. Je ne vois pas ce qu'on peut opposer à de telles considérations.

Dira-t-on que ce foyer intérieur sera étouffé par la nouvelle puissance? non; c'est un feu qu'elle ne parviendra jamais à éteindre, qui couvera sans cesse, qui gagnera de proche en proche, qui, quand il paraîtra amorti dans une partie, se ranimera avec force dans une autre partie. Ici, j'en appelle à l'expérience : qu'avons-nous vu dans tout le cours de l'interrègne? A-t-on épargné le sang des royalistes? Quelle est la ville, quelle est la contrée de France qui n'en ait pas été inondée? Qui pourra jamais oublier, ô honte éternelle pour les exécuteurs! qui pourra jamais oublier que, dans une plaine voisine de Toulon, huit mille royalistes des deux sexes furent fondroyés par le feu du canon chargé à mitraille? Eh bien! ces terribles exécutions, à-peu-près continuelles, ont-elles détruit le parti du roi légitime? non. Comme le sang des martyrs, le sang des royalistes est une semence qui en produit de nouveaux.

Je ne parle ni de la Vendée, ni de Lyon; je me borne à dire ce qu'on n'a plus intérêt à taire aujourd'hui, que, dans toute la durée de l'interrègne, il n'y a pas eu un seul coin en France où le roi légitime n'eût un parti bien prononcé sans cesse occupé des moyens de le ramener parmi nous, sans cesse tentant des entreprises pour l'exécution de ce projet. Vous dites que la force étouffera le foyer qu'allume l'absence du roi légitime. Eh! y eût-il jamais une force comparable à celle de l'homme que la France a enfin vomi de son sein, et a vomi avec horreur? Eh bien! cet homme était importuné, harcelé, effrayé des complots qui se tramaient contre sa domination. Une conspiration succédait à une conspiration. La multiplicité des exécutions, les unes secrètes, les autres publiques, semblait ne produire d'autre effet que de donner plus d'activité à la fermentation qui le menaçait. Elle vint au point que, dans l'espoir de ne pas laisser à découvert toute la haine qu'il inspirait, on prit le parti de taire au public la très-grande partie des tentatives qui se faisaient pour ramener le roi légitime au sein de ses états. On dit aussi que, fatigué, qu'alarmé de ces interminables complots contre sa puissance usurpée, il résolut de trancher d'un seul coup toutes les têtes de l'hydre, et que pour cela il avait dressé une liste de quatre-vingt-dix mille royalistes qu'il se proposait de faire mettre à mort dans un seul jour ; mais que le coup qui le renversa lui-même l'empêcha d'exécuter ce projet digne de son âme féroce. L'eût-il exécuté, il n'eût pas coupé toutes les têtes de l'hydre. Et sa formidable puissance aurait-elle jamais pu éteindre cet autre feu qui, pendant l'interrègne, s'était allumé dans l'Europe entière, et qui a failli dévorer notre patrie ? Discordes civiles, guerre avec l'étranger, voilà ce que produit pour nous, de toute nécessité, tout gouvernement qui n'est pas celui du roi légitime.

Voulez-vous maintenant connaître jusqu'où peut aller la force du principe de la légitimité, rappelez-vous les derniers évènemens : un Bourbon arrive presque seul ; il traverse paisiblement la capitale. Par qui est-il escorté, par qui est-il gardé ? par ses sujets. On s'étonne, on se demande qui il est, d'où il vient, comment il se trouve là, ce qu'est devenu l'étranger, comment s'est opérée cette merveille ? Comment ? par la seule force du principe de la légitimité. Ce Bourbon est le légitime successeur de Louis XVII, le légitime descendant de Henri IV ; tout est dit, tout est fini, tout rentre dans l'ordre ; le calme est rétabli ; la guerre est terminée ; les innombrables soldats que l'étranger a laissés entrer sont désarmés par ce principe de la légitimité ; ils ne sont plus nos ennemis, ils sont nos amis. Tous les Français, en voyant leur roi, n'ont plus qu'un même esprit, qu'un même cœur; ils s'écrient: Voilà notre père, voilà notre roi; ils le conduisent dans son palais; Louis XVIII monte sur son trône; et ce trône acquiert en un instant une stabilité qui le rend désormais inébranlable. Voilà ce que peut un seul principe, le principe de la légitimité. Ah! pénétrons-nous donc bien de l'esprit de la loi salique; révérons-là comme la révéraient nos aïeux.

Résumons : nos rois ont tout fait pour la France; la France ne peut être gouvernée heureusement qu'avec une constitution monarchique; la France ne peut être tranquille au dedans, en paix au dehors, qu'avec son roi légitime.

Voilà la doctrine que je prêche depuis vingt-cinq ans; je l'ai puisée, cette doctrine, dans mon cœur, dans les leçons et les exemples de ceux qui m'ont donné la vie, dans l'éducation que j'ai reçue au sein d'une société qui n'eût été ni calomniée, ni proscrite, si elle n'eût été composée d'ardens apôtres de cette même doctrine ; je l'ai puisée dans les saints livres, dans les écrits des sages, des plus beaux génies de notre France, dans les écrits de Bossuet, de Fénélon. Enfin ce qui achève de démontrer que cette doctrine est celle de la vérité, et que la doctrine contraire est celle du mensonge, c'est que celle-là conserve les empires et attache les peuples à leur gouvernement, et que celle-ci remue les bases des empires, et soulève les peuples. Je n'entends cependant juger la conscience d'aucun homme de ce tems ; mais je demande aussi qu'on ne juge pas la mienne. Je n'ai recueilli de mes travaux et de mon zèle qu'un seul prix, c'est le témoignage que je me rends de n'avoir été conduit par aucun motif d'intérêt, ni même de reconnaissance; et c'est ce seul prix qu'il ne serait pas juste de me ravir. Dans tout le cours de l'interrègne, l'intérêt n'a pu me guider, puisque par cela seul qu'on restait fidèle au roi, on était proscrit. La reconnaissance, sentiment trop noble pour que je le désavouasse, n'a pu également influer sur ma conduite pendant ce long interrègne, puisque je n'avais jamais été honoré d'aucun bienfait de la cour. Aujourd'hui qu'on peut, sans courir danger de la vie, être ce qu'on doit être, il n'y a sans doute pas un grand mérite à vanter les avantages d'une constitution monarchique, à se féliciter de vivre sous un roi heureux du bonheur de ses sujets ; mais aujourd'hui comme autrefois, je puis me glorifier du même désintéressement ; car, aujourd'hui comme autrefois, je ne suis point honoré des bienfaits de la cour : non que je les dédaigne ; c'est une fierté qui ne saurait entrer dans le cœur d'un fidèle sujet. J'avouerai même qu'avancé en âge, qu'après tant d'années de fatigue, de souffrances, de douleurs, je me crois autorisé à solliciter qu'il me soit accordé de jouir de quelque repos. Cette demande est restée sans réponse. Je me résigne, et je n'emploierai pas moins le reste de ma pénible carrière à louer ce que j'ai toujours loué; et mon dernier cri, en mourant dans l'asile que la Providence m'aura ménagé, sera *Vive le roi!*

FIN.

TABLE DES MATIÈRES.

Pag.

Préface 9
Louis Ier., roi titulaire de Thessalonique, surnommé le Grand. 12
Pierre Ier., fils du précédent. 15
Louis II, surnommé le Bon et le Grand. 17
Jacques de Bourbon, comte de Ponthieu et de la Marche, connétable de France, surnommé la Fleur des chevaliers français. 27
Jean de Bourbon, comte de la Marche. 28
Jean Ier., duc de Bourbon et d'Auvergne. 29
Charles Ier, duc de Bourbon et comte de Clermont. . 31
Louis de Bourbon, comte de Vendôme. 35
Jean II, duc de Bourbon et d'Auvergne, surnommé le Bon et le Fléau des Anglais 37
Mathieu de Bourbon, amiral de France. 42
Pierre de Bourbon, comte de Beaujeu 45
François de Bourbon, comte de Vendôme 50
Gilbert de Bourbon, comte de Montpensier 52
Charles III, duc de Bourbon, connétable de France. 55
François de Bourbon, comte de Saint-Pol. 63
Charles de Bourbon, duc de Vendôme. 66
François de Bourbon, comte d'Enghien. 71
Louis de Bourbon, prince de la Roche-sur-Yon. . . 74
Louis Ier., Prince de Condé 77
Henri de Bourbon, prince de Condé. 80
Henri IV, roi de France et de Navarre. 83
Louis XIII, surnommé le Juste. 93

TABLE DES MATIÈRES.

                                                                Pag.
Louis XIV, surnommé le Grand........................ 96
Louis XV, surnommé le Bien-Aimé.................... 101
Louis de Bourbon, surnommé le Grand-Condé...... 104
Louis XVI... 106
Louis XVII.. 111
Philippine-Marie-Hélène-Élisabeth de France...... 136
Louis XVIII... 154
Marie-Thérèse-Charlotte, fille de Louis XVI, MADAME... 180
Charles-Philippe, comte d'Artois, MONSIEUR, frère du roi... 193
Louis-Antoine de Bourbon, duc d'Angoulême, fils aîné de MONSIEUR, frère du roi, et de Marie-Thérèse de Savoie................................... 215
Louis-Antoine de Bourbon, duc de Berri, fils de MONSIEUR, petit-fils de France.................. 221
Louis-Philippe de Bourbon, duc d'Orléans......... 229
Louise-Marie-Adélaïde de Bourbon-Penthièvre, duchesse douairière d'Orléans...................... 244
Louise-Marie-Thérèse-Bathilde d'Orléans, duchesse de Bourbon.. 250
Louis-Joseph de Bourbon, prince de Condé........ 261
Louis-Henri-Pierre de Bourbon-Condé, duc de Bourbon... 281
Louis-Antoine-Henri de Bourbon-Condé, duc d'Enghien... 286
Louise-Adélaïde, princesse de Condé, fille du prince de Condé... 293
Conclusion... 300

www.ingramcontent.com/pod-product-compliance
Lightning Source LLC
Chambersburg PA
CBHW050730170426
43202CB00013B/2249